民國時期文獻
保護計劃

成 果

南京图书馆
民国文献珍本图录

南京图书馆 编

國家圖書館出版社

图书在版编目（CIP）数据

南京图书馆民国文献珍本图录／南京图书馆编.—北京：国家图书馆出版社，2014.1

ISBN 978-7-5013-5236-4

Ⅰ.①南… Ⅱ.①南… Ⅲ.①省级图书馆—图书馆目录—南京市—民国 Ⅳ.①Z822.1

中国版本图书馆CIP数据核字（2013）第280276号

书　　名　南京图书馆民国文献珍本图录

编　　者　南京图书馆　编
责任编辑　王燕来
装帧设计　九雅工作室

出　　版　国家图书馆出版社（100034 北京市西城区文津街7号）
　　　　　（原书目文献出版社　北京图书馆出版社）
发　　行　（010）66139745,66175620,66126153
　　　　　66174391（传真），66126156（门市部）
E-mail　cbs@nlc.gov.cn（投稿）
Website　www.nlcpress.com→投稿
经　　销　新华书店
印　　装　北京嘉彩印刷有限公司
版　　次　2014年1月第1版　2014年1月第1次印刷

开　　本　889×1194毫米　1/16
印　　张　18.75
印　　数　1000

书　　号　ISBN 978-7-5013-5236-4
定　　价　360.00元

编辑委员会

总　序

　　中华文明之所以博大精深、源远流长，不仅与未曾断裂的文字记录有关，也与自古有"易代修史"和重视文献收集、整理等优良传统密不可分。明有《永乐大典》、清有《四库全书》，都是有力的佐证。自新中国成立，特别是改革开放以来，我国日渐加大对古代各时期文献整理和保护工作的力度，但对具有重要价值又亟须保护的民国时期文献的重视程度尚需进一步加强。

　　民国时期是中国历史上一个重要而特殊的嬗变时期，新旧交汇、中西碰撞，形成了社会转型期特殊的文化景观；同时，这一时期也是中华民族遭受外侮、充满灾难的时期。仅从文化角度考察，一方面传统文化得到进一步的整理继承和批判扬弃，另一方面西方文化又强烈冲击和影响着当时人们的思想与行为。特别是马列著作的译介与传播，不仅深刻影响着人们的思想意识，而且直接导致了新民主主义革命的爆发，并由此带来一系列社会巨变。这些政治、经济、文化、社会的巨大变革，形诸文字，辅之以出版业和新闻业的飞速发展，使得民国时期的出版发行业达到了空前的规模。短短数十年间，积累了图书、期刊、报纸以及档案、日记、手稿、票据、传单、海报、图片及声像资料等大量文献。这些文献正是记录、反映民国时期政治、经济、军事、文化等诸多方面的重要载体。

　　概括而言，民国时期文献具有以下特点：第一，数量众多。据初步估算，民国时期文献数量远远超过存世数千年的古籍总量，仅国家图书馆一馆所藏就达88万余册。第二，内容丰富。该时期文献涵盖了政治、经济、文化、军事等领域，既有政府公报、法律规范等方面的文献资料，也有大量的文学作品。同时，还出现了电影及唱片等新的出版形式，无论在内容上，还是在文献形式上，均极为丰富。第三，历史和学术价值高。民国时期，中国经历了内忧外患，中国共产党领导中国人民开展了艰苦卓绝的革命斗争，在中国历史上写下了辉煌篇章，产生了大量革命历史文献。这些文献历久弥珍，是研究中国共产党党史的珍贵资料。民国时期又是各种思想交汇、碰撞的时期，留下了大量记载时代印迹的资料，在政治、法律、语言文字、历史诸学科都留下了丰富的文化遗产，对研究民国时期的历史，尤其是人文社会科学，有着重要的借鉴意义。第四，现实意义重大。民国时期形成的边疆垦务、农商统计、中国经济志、赈灾史料等文献，对研究国家主权、边境、民族、军事以及农业、水利、经济等均有重要的现实意义，同时也是开展爱国主义教育、革命传统教育和国情教育的生动教材。例如，大量有关"东京审判"的文献、照片、影像资料，集中反映了日军侵略中国的历史，是日本军国主义侵华罪行的有力证据。第五，纸张和印制品质不佳。民国时期正处于从手工造纸向机械造纸转换的初期，所产纸张酸性高，加之印刷、装订等工艺的自身缺陷，造成了文献印制质量上的先天不足，致使很多文献出现了严重的老化或损毁现象，其保存难度大大高于传统手工纸文献。民国时期文献的上述特点，决定了对其进行保护的思路必须随着科学技术的发展不断创新，如在文献普查、原生性保护基础上，充分利用影印出版、缩微、数字化等再生性保护方式，以期达到事半功倍之效果。

国家图书馆是国家总书库，履行国内外图书文献的收藏和保护职能，为中央和国家领导机关立法决策、国内科学研究和公众提供文献信息服务。文献作为一个国家的历史积淀和文化载体，肩负着国家和民族的文化传承重任，保存、保护和利用好这些文献，是图书馆人的历史责任。2011年，在文化部、财政部支持下，国家图书馆联合业内相关单位启动了"民国时期文献保护计划"，旨在通过文献普查、海内外文献征集、整理出版，以及文献保护技术研究等各项工作的开展，切实有效地抢救与保护民国时期文献。

文献整理出版是保护计划的一项重要内容，由国家图书馆策划，将依据文献的馆藏特色、资料类型、濒危状况、珍稀程度和社会需求等方面，整合各文献存藏单位所藏，汇集相关领域专家与出版工作者等多方力量，采取"民国文献资料丛编"形式，统筹规划、有序推进，成规模地整理、编纂出版包括民国时期政治、经济、社会、文化、教育、外交等各领域文献，努力为社会各界提供丰富的、有价值的、便利的文献资源。

中华民族的伟大复兴，以文化复兴为标志。文化的复兴，必须以弘扬传统文化为基础。弘扬传统文化，又必须以保护、传承传统文化为前提。我们坚信，"丛编"的推出，必将为民族复兴、文化繁荣作出重要贡献。

是为序。

周和平

2013年1月

南京图书馆馆藏民国文献源流、建设及特色
（代序）

民国文献是指记录1911年至1949年这一特定历史时期各种知识和信息的一切载体，包括图书、期刊、报纸、手稿、革命文献、历史档案以及海报、老照片、电影、唱片以及非正式出版的日记、传单乃至商业契约和票据等。民国文献作为记录和反映民国时期社会现实的主要载体，不仅具有鲜明的时代特征，更具备较高的文献价值和历史价值。南京图书馆是我国民国文献重要收藏机构之一，其前身为1907年成立的江南图书馆和1933年成立的国民政府中央图书馆，继承和接收了大量民国文献，目前南京图书馆民国文献总量达70余万册，其中，中文图书7万余种40万册，外文图书24万册，期刊1万种，报纸1000种，民国线装图书近3万部，另有2000多册油印本和稿本，藏量丰富，类型多样，在国内外具有一定影响。

一、馆藏民国文献源流

南京图书馆馆藏民国时期文献主要由江苏省立国学图书馆和国立中央图书馆以及新中国成立后接收的国民政府的旧机关、团体的相关文献构成。其中国立中央图书馆藏书是民国文献的主要部分。

1. 国立中央图书馆藏书。 1933年，国立中央图书馆筹备处在南京成立，当时仅有4.6万册藏书。在筹备处主任蒋复璁先生及其同仁的不懈努力下，通过呈缴、征集、购买和交换等途径建设馆藏，1946年由重庆返回南京时，国立中央图书馆藏书已有百万余册。抗战胜利后，接收了日本东亚同文书院和日本近代科学图书馆、泽存书库等处的图书，馆藏达120余万册。1947年国立中央图书馆藏书统计如下：

1947年国立中央图书馆藏书统计

类　型	数　量
中、日文书	754551册
西文书	39972册
善本书	139282册
金石拓片	11139册
地图	1619件
书画及古器	1217件
中外文杂志、报纸	若干
合计	120余万册

　　1948年12月至1949年2月，国立中央图书馆奉命挑选馆藏珍贵图书13万余册计848箱运往台湾，前三批运台644箱珍贵图书，共139727册，其中古籍善本书121300多册，其他珍品如名贤手札墨迹、金石拓片、甲骨、铜陶瓷器、汉简、写本、经卷等，还有精选的中文平装书、杂志、公报、西文书刊等。后因李宗仁代总统下令国共和谈，停运了第四批204箱图书。1949年5月,南京市军管会接管国立中央图书馆时,经清点藏书有1122422册。

　　2. 江苏省立国学图书馆藏书。江苏省立国学图书馆是由1907年清末两江总督端方创建的江南图书馆发展而来，1928年几经更名后定名为江苏省立国学图书馆，著名史学家柳诒徵先生担任馆长，在40多年的发展过程中，江苏省立国学图书馆积累了丰富的馆藏资源，1952年10月1日，江苏省立国学图书馆正式并入当时的国立南京图书馆。据1951年2月统计，江苏省立国学图书馆计有藏书20万册，藏书统计如下：

1951年江苏省立国学图书馆藏书统计

类　型	数　量
善本书	57823册
普本书	108715册
杂志	27200册
新文化书	5368册
印行书	4824册
拓本	332册3360幅
手札	15册
书画	108轴
书版	14222片
古物砖瓦	30方110片23件
四叠一座	3具
合计	20万册

　　3. 新中國成立后接收的旧机构、旧团体藏书。建国初期,南京图书

馆接收了国民党旧机关、团体藏书100多万册，这些单位有南京外国文化委员会、东方语文专科学校、建国商学院、边疆学校、中央政治大学、国立编译馆、南京市三中、南京新闻出版处、华东财经委员会工业部、南京敌伪物资清理处、南京公安局、南京财政局、南京教育局、苏南区文物管理委员会等。在接收大量书刊的同时，南京图书馆也向全国各地图书馆赠送和调拨图书达100万册以上，其中向北京图书馆调拨图书共616300册。

二、国立中央图书馆藏书建设理念与方式

1927年国民政府建立以后，南京不仅成为国家政治中心，也逐步成为国家文化教育中心，社会各界要求建立一所国家图书馆，使其成为国家文化象征的要求越来越强烈。"南京为国民政府建都所在，施政中枢，人文荟萃，中外士宾，观瞻所系；各院部会与各学术团体，尤渴望有一完善之图书馆，庋藏中外图书，以为参考研究之用；需要如此之殷，筹设自不能从缓"（蒋复璁《国立中央图书馆筹备之经过及现在进行概况》）。1928年，在全国教育会议上，国立中央图书馆议案得到通过，议案对未来国立中央图书馆的建馆地点、经费、机构以及藏书等进行了全面规划，其中对国立中央图书馆藏书收集方法共立有8条：全国出版物于呈请著作权注册时，除照著作权法规定缴呈数部外，应加缴两部，由主管机关缴存于中央图书馆；各公共机关之出版物，一律以其两部缴存于中央图书馆；一切公有之古本图书，于可能范围内收集之于中央图书馆；征集国内私人所藏佚本，规定名誉奖励办法；国际交换之出版品，一律缴存中央图书馆；征集国外学术团体出版物，以本图书馆影印本为交换；向国外各大图书馆，将我国流传彼处之孤本摄影或抄录；搜购国内孤本与国外富有价值之图书。以上八条决议提出图书馆应该通过图书的征集与呈缴、采购、交换等方式来建立馆藏，可视为国立中央图书馆藏书建设的主要思想。

1. **图书征集和呈缴**。征集和呈缴是图书馆藏书的重要补充形式。蒋复璁先生曾向自己的老师胡适先生请教藏书之事，胡适先生说，"北平图书馆有古董，你们中央图书馆没有，我劝你先搜集新古董，因为你在南京，可去搜集政府机构所出版的多种公报及官方文书，此种官书之取得，可谓惠而不费，然而将来都是头等史料，你不妨去看看。"（转引自南京出版社1996年版《南京图书馆志》页43）胡适先生提出应该重视官书的征集与收藏，拓宽了国立中央图书馆藏书建设理念。国立中央图书馆从筹备之始，就从两个途径征集图书资料，一

是向世界各国重要学术团体征集出版物，二是向国民政府、各院部会、各省市县政府及区公所和中央党部、各省市县党部及区分部党政机关学会征集出版物。在国立中央图书馆筹备处成立一年多的时间内，图书征集取得成效，共收到国民党各院部会、各省市县政府及区公所和中央党部、各省市县党部及区分部等官书共8000余册；各机关公报500余种。另有外文图书1000余册，国内外杂志700余种，国内外报章500余种。国内刻书家惠赠图书13部，共800余册，此外还有教育部拨给北平档案保管处所存重要图书4.6万余册，及满文书籍500余册，清顺治至光绪年间历代殿试策10余本。这些图书资料对充实国立中央图书馆的馆藏起到重要作用。

民国十九年（1930），教育部修正公布《新出图书呈缴条例》6条，规定在图书出版发行之日起两个月内，将该图书四份呈送出版者所在地之省教育厅或特别市教育局。省市教育厅局除留存一份外，应将其余三份转送教育部。经教育部核收后，发交教育部图书馆、中央教育馆、中央图书馆各一份，分别保存(中央教育馆及中央图书馆未成立前，暂由教育部图书馆代为保存)，并将书名、出版者及出版年月登载教育部公报，此条例正式将图书馆作为接受呈缴单位确立下来。中央图书馆筹备处成立后，依此接受世界各国学术团体、国内党政机关学会出版品以及在当时正式登记注册的出版机构的呈缴本。据《中华图书馆协会会报》第十一卷第二期载，1935年上半年，国立中央图书馆"核计收到中西图书总额为2150册，呈缴之出版团体有88个单位，每月平均呈缴数量达525册以上"。这些征集与呈缴的图书均在国立中央图书馆馆刊（战前名为《学俎》，战时名为《图书月刊》）上登出，每期均刊载馆藏国立中央图书馆呈缴目录、馆藏官书目录。这些目录不仅可供各方人士查阅，也可作为当时国家编制出版统计材料的重要依据，具有十分重要的价值。

2. 图书采购。国立中央图书馆筹备处成立于1933年，此时尽管国家内忧外患，但是相对来说，1927至1937年这十年间国家经济得到发展，交通得到改善，教育文化得到提高，出版业也较为兴盛，书刊出版数量日益增加。"中外出版刊物，风起云涌，浩如烟海，采购方针，尤其审慎，毋耗金钱，有裨实用。"（前引蒋复璁文）在这样的背景下，国立中央图书馆着重购买图书馆必备的基本藏书，并按已经入藏的大类进行补充，也可根据需要临时采购；购买古籍，首先力求普本收藏完备，再根据经费条件收藏善本，但是只要碰到有史料价值的稀见稿本，则不惜重金购买；金石拓片古今舆图也做到尽量收藏；

对于西文图书，购书经费大部分用来购置重要科学著作和工具书、参考书，如辞典、字典、论文索引、年鉴、人名地名录、百科全书、世界名著等，西文期刊也遵照此原则进行采购。在采购图书的同时，注重同一地区的藏书共享，"其他专门书籍，则先调查本京各间书馆有无储藏，然后购置弥其不足"（前引蒋复璁文）。为了提高购书质量，考虑在采购经费稍微宽裕后，组织成立购书委员会，广泛征求专家意见，力求以最经济的方式，最大限度地发挥图书经费的作用。

3. 国际图书交换。图书交换是指各国和各地区的不同文献信息机构之间交换各自所有文献，以弥补对方所缺少文献，彼此受益，节约经费，建立友好关系，推动国际文化交流。1925年，国民政府教育部依据1886年北京订立的《国际交换出版品公约》，成立了出版品国际交换局，与协约国互相交换出版品。1928年由中央研究院负责办理交换事宜，1933年移交到国立中央图书馆筹备处并定名为出版品国际交换处，负责国际图书交换事宜。对于外文图书，国立中央图书馆主要以交换为主，"当此外国书价昂贵之秋，本处经费有限，殊难尽量采购；为顾及经费与搜罗国外重要典籍计，采访方针，首重交换"（前引蒋复璁文）。国立中央图书馆在接管了国学书局后，用国学书局存书与英美德法等国学术机构进行图书交换，收到1000多册外文书。另外考虑利用国学书局原有的书版印刷图书，以便交换。另外提出从国家教育部负责组织编订、由国立中央图书馆负责办理影印、商务印书馆承印的1500部《四库全书》，能够获赠100部与国外学术团体进行图书交换，共赠给英美法苏等国图书馆10多部《四库全书》。1941年赠英国4部、美国7部、苏联3部，另外赠送缅甸仰光大学图书馆、孟加拉国际大学、加尔各答帝国图书馆。这种交换方式不仅获得大量珍贵外文图书，而且也对外传播和宣扬了我国优秀传统文化。

出版品国际交换处除代表政府交换出版品以及代转国内外学术机关交换刊物外，还代表国内学术机关介绍国外学术机关相互交换。从1933年至1946年，出版品国际交换处共接收图书116箱，129包，12363公斤；共出口图书111箱，778包，18013公斤。另外在1944年的战时图书征集委员会获得英国所捐图书62箱，美国所捐图书210箱，也由出版品国际交换处办理洽运和分配事宜。出版品国际交换处的工作某种程度上缓解了抗战时期后方科学文化饥荒。

三、馆藏民国文献特点

南京图书馆馆藏民国文献中，官书、革命文献和外文图书具有显著特色。

1. 官书。就民国时期而言，官书即是政府机构出版品，包括档案、公报、统计资料、小册子、图书、图表、卷册，凡是为政府机关出版或由其出资印行，或由其监印者都属于官书。国立中央图书馆的官书基本上包括了以上各种类型的文献，收藏范围广、内容丰富且具有鲜明时代特征。

（1）收藏范围全。《国立中央图书馆馆藏官书目录》（民国22年国立中央图书馆印行）收录了国民党党政各机关及所有附属团体的出版物，单位如下：

国民党党部。包括国民党中央和江苏省、浙江省、江西省、福建省、广东省、广西省、湖南省、四川省、云南省、河北省、河南省、山东省、绥远省，以及北平特别市党部、陆军第十四师特别党部和海军特别党部的出版物。

国民政府五院。包括行政院下设的内政部、外交部、军政部、海军部、财政部、实业部、教育部、交通部、铁道部、司法行政部、蒙藏委员会、禁烟委员会、赈务委员会、侨务委员会、管理中英庚款董事会、中华教育文化基金董事会、农村复兴委员会、威海卫管理公署、华北战区救济委员会、北平故宫博物院以及立法院、司法院、考试院、监察院的出版物。

国民政府其他部门。包括军事委员会、训练总监部、参谋本部、国立中央研究院、建设委员会、导淮委员会、全国经济委员会、总理陵园管理委员会、中央国医馆、中央国术馆以及各省市政府出版物。

民国元年至十五年（1912—1926）的出版目录，另附各机构职员录、各机关名称参照表、中文书名索引、西文书名索引四个附录。

此外，南京图书馆官书中还包括1940至1945年期间汪伪国民政府的官书。

（2）反映时代特征。1931年发生的"九一八"事变,是日本军国主义按既定国策征服东北、征服中国,进而称霸亚洲进行大规模扩张的起点，是日本发动全面侵华战争的序幕,同时也是日本军国主义走向覆亡的开端。为了揭露日本军国主义行径，鼓舞人民士气，国民党中央宣传部、中央宣传委员会编印了《日本侵略中国年表》《日本侵略中国毒计》《日本对于国际调查团报告书意见书驳议》《国军抗日写真》等抗日战争资料。为了进一步研究日本政治经济发展情况，编印了《日本研究小丛书》《日本渔业法》《日本官制官规之研究》等图书。当时中国处于内部分裂、内战频发的状态，国民政府实行的是

"攘外必先安内"的政策，因此也有《剿赤歌集锦》《剿赤灭匪应有的认识和努力》等图书资料。

（3）多文种。在官书中还包含蒙古文及英文资料。南京是国民政府的所在地，设有蒙藏委员会，是沿袭北洋政府的蒙藏院而设立的，它下设的编译委员会、蒙藏旬刊社出版了一些蒙古文或蒙汉对照的资料，国民党中央宣传部、中央宣传委员会编印了许多蒙古文资料，如《中国革命史》《民族主义》《地方自治开始实行法》《国民党之政纲》等，还有英国作者瓦特（Ward James）著，杨庆鹏译的著作《西康之神秘水道记》（《边政丛书》第一种）也翻译成蒙古文。由于国家对外经济交流的需要，一些贸易通商的公报、手册、指南、章程和统计资料等以英文或中英文对照出版，如财政部下属的上海海关总税务司署编印的《1932海关中外贸易统计年刊》*Trade of China 1932*；《通商各关海江警船手册》*Notices to Mariners 1904—1933*（30册）；国定税则委员会编印的《上海物价月报》（*Prices and Price Indexes in Shanghai*）等，以便对外交流。

2. 革命历史文献。主要指1919至1949年这一特定历史时期，中国共产党领导全国人民进行艰苦的革命斗争，最终建立中华人民共和国这一革命历程中形成的图书、报刊、文件、图片等各种文献资料。这些文献资料记载了中国共产党领导全国各族人民争取民族独立和人民解放的伟大历史。南京图书馆藏民国时期革命文献3000种，包含了解放区出版的书报刊，也包括共产党和进步团体在国统区出版的文献，特别是苏中、苏北新四军文献收藏较完整。有革命文献伪装本如《民权初步》，原题名为《中国苏维埃》，全国苏维埃区域代表大会编，上海三民公司1930年5月出版；有政党领袖著作的最早文集版本如《毛泽东选集》，共五卷，1944年5月晋察冀日报社编印；也有极具政治文献价值的报纸，如《新华日报》（华中版）为中共中央华中分局机关报等。

3. 外文文献。民国时期的外文文献中有许多关于中国的论述和研究，至今仍有一定的现实意义，应该是民国文献的重要组成部分。南京图书馆民国时期外文文献达24万册，主要为国立中央图书馆留下的西文图书和抗战胜利后接收的日本东亚同文书院、上海日本近代科学图书馆藏书以及新中国成立后接受移交的机关团体如南京外国文化委员会、国立中央政治大学等机构的西文和日文图书。这批图书有的已经进行了整理，如国立中央图书馆西文图书采用《美国国会图书馆图书分类法》分类，按照分类著者号进行排列，并有两套目录卡片。日本东亚同文书院按照《日本森清十进分类表》进行分类，按照分类著者号进行排架。

1994年，笔者因工作需要查阅国立中央图书馆留下的西文书，发现其中有部分17至18世纪的图书，主要以人文科学为主，其中有些是论述中国的哲学、宗教、人物、风土人情方面的书籍，文种有英文、法文、西班牙文。如1654年（清顺治十一年）Martin, P.所著的《鞑靼与中国作战史》（*Histore de la Gverre des Tastares Contre Ia Chine*）。此外，还有1655年（清顺治十二年）Semedo, F. Alvarez所著的《大清中国史》（*The History of that Great and Renowned Monarchy of China*）；1697年（清康熙三十六年）Compte, Louis Le所著的《回忆与观察——大清帝国游记》（*Memories and Observation-Made in Late Journey through the Empire of China*）；1738年（清乾隆三年）Du Halde, P.F.B.所著的《关于中国、鞑靼、朝鲜、西藏的历史和地理的考察》（*A Description of the Empire of China & Chinese-Tatarstan, together with the Kingdoms of Korea & Tibet , containing the geography & history of the countries*）；1769年（清乾隆三十四年）Chece, M.所著的《关于孔子以及中国历史的研究》（*Yu Le Grand et Confucious, Historie Chine*）；1771年（清乾隆三十六年）Osbeck, Peter所著的《中国和东方航海记》（*A Voyage to China and East*）；1804年（清嘉庆九年）Barrow, John所著的《北京及其他地区的旅行》（*Travels in China: Peking to Canton*）；1879年（清光绪五年）Edikins, Joseph所著的《中国佛教》（*Chinese Buddism*）等，内容丰富，版本也十分珍贵。抗战胜利后，国立中央图书馆接收了日本东亚同文书院藏书，其中也有许多珍贵文献，如关于当时中国的年鉴、百科全书、统计资料等都具有十分重要的参考价值。由于多种原因，南京图书馆曾在1982年对国立中央图书馆的2万多册西文文献进行了整理，其他外文文献还是"藏在深闺待人识"。2011年馆里组织相关同志开始着手进行整理。

长期以来，南京图书馆在民国文献的保护整理、研究开发以及展览宣传等方面做了许多努力，特别是近两年来，在民国文献保护越来越受到国家和社会各界重视的环境下，南京图书馆必将加快民国文献保护与开发的步伐，在抢救与保护民国文献珍贵资源、促进文化传承、联络民族情感方面做出新的成就。

南京图书馆副馆长全勤
2012年10月

凡　例

一、本图录所收录南京图书馆藏民国文献，均指民国时期的原始文献，不包括1949年以后重印或复制者。

二、本图录分为中文图书、中文期刊、中文报纸、特种文献和外文文献五个部分，基本上囊括了民国文献的各种类型。

三、在中文图书、中文期刊、中文报纸大类下按照文献内容各分若干小类，纯为读者使用方便，难免有失全面和允当。各类之间也有些交叉，并非截然分明。小类之下主要依文献出版时间排序，中文图书的"国民党史"与"中共党史"部分则兼顾相关人物及事件的重要性加以排序。

四、由于近代报刊发端于晚清，民国时期的一些报刊也创刊于晚清，故在中文期刊、中文报纸类下收录清末期刊和清末报纸。一是保持报刊文献的延续性，二是揭示民国报刊的源流。

五、本图录所收录外文文献，大部分为民国时期在中国境内出版者。少数在国外出版的，均系与中国有直接关系者。

六、每种文献配置书影两幅左右，首选封面或其他题名页，酌选版权页、目录、插图或正文等。

七、文献介绍一般包括题名、责任者、出版地、出版者、出版时间、版次、开本、页数（或卷册数）、存藏、提要等。有些文献出版地不详，编者添加后以"〔〕"括出。

八、提要：除概括文献内容外，适当揭示收藏源流和题款等附加信息。

九、页数（或卷册数、版面数）：由于民国图书页码标注不尽规范，报刊版面或页数多不固定，故酌情标注图书页码，期刊从略，报纸酌注版面数。

十、开本：常规文献著录为32开、16开或大32开、小16开等；非常规文献标注具体尺寸，如26.7×18.6cm，前者为高，后者为宽，单位为厘米（cm）。

十一、存藏：均指我馆原件之存藏。报刊等连续出版物，存藏比较复杂的，只注起讫日期。

十二、题录中涉及非公元纪年（本书统称旧历，用汉字数字表示）的，均换算成公元纪年（用阿拉伯数字表示）。

十三、文献题名前，均标注本馆索书号（部分外文文献为系统号）。未整理者，标注"未编"。

目　录

一、中文图书

　　本馆收藏民国中文图书近7万种，40余万册，另有部分未整理者。其中机构遗藏和政府出版物尤多，特别是国民党中央政治学校（国立政治大学）和上海日本东亚同文书院的大部分图书得以完整保藏。兹选取国民党史、中共党史、学术名著、其他著作等共80种依序编次，名家手泽、珍稀版本等琳琅满目、精彩纷呈。

1. 国民党史

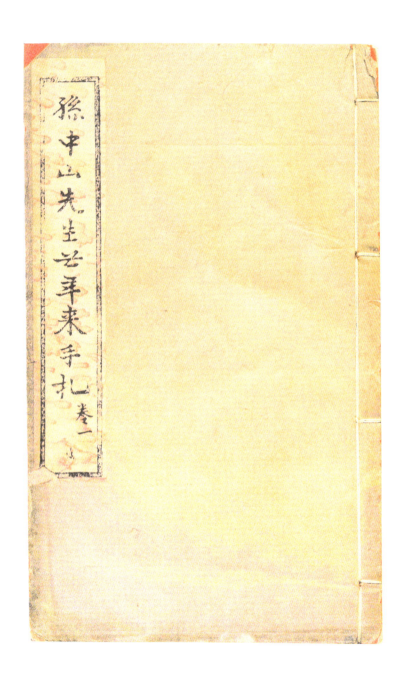

36469　孙中山先生廿年来手札

邓泽如辑，1926年石印本、四册、线装。

本书收录孙中山1906—1922年间致邓泽如等亲笔手札30件，以及朱执信、胡汉民、汪精卫等代笔，孙中山签署的手札64件，另附录黄兴、胡汉民等手札13件。卷首有孙中山照片一帧，及胡汉民、古应芬序言。

澤如兄暨同志諸君惠鑒 五月七日曾發革
十八號函想已收到此緣文明進步又
國思潮與時俱長弟前函云數月以
來兩廣革命軍已疊獲勝破城收地
電報絡續想我同志諸君聞其概美今
更以詳情一一述之革自南來邪欵經營
大軍展顧應琛趨以東西莫顧沛然進
取影自經營者數月有餘又浮海外

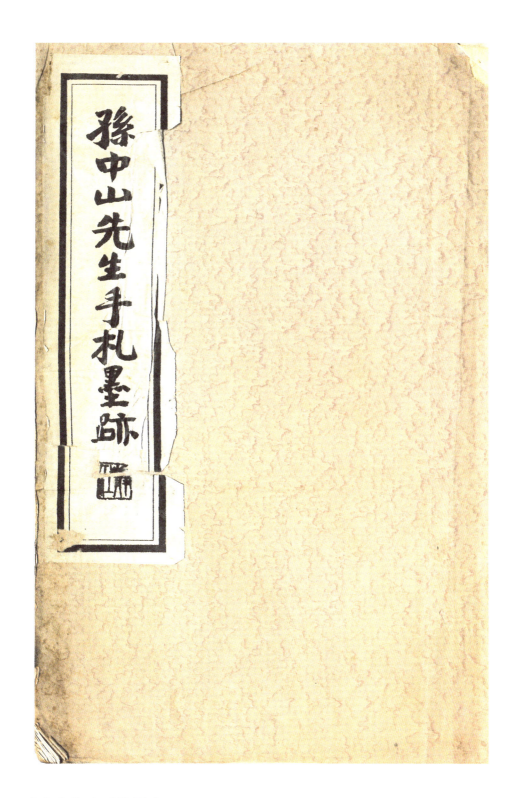

36471 孙中山先生手札墨迹

    石印本，一册，线装。

    书中收录孙中山1922—1924年间致蒋介石信函23封，以及孙中山题赠蒋介石及其母王太夫人的题词8款。张静江题写书名，谭延闿作"后序"。

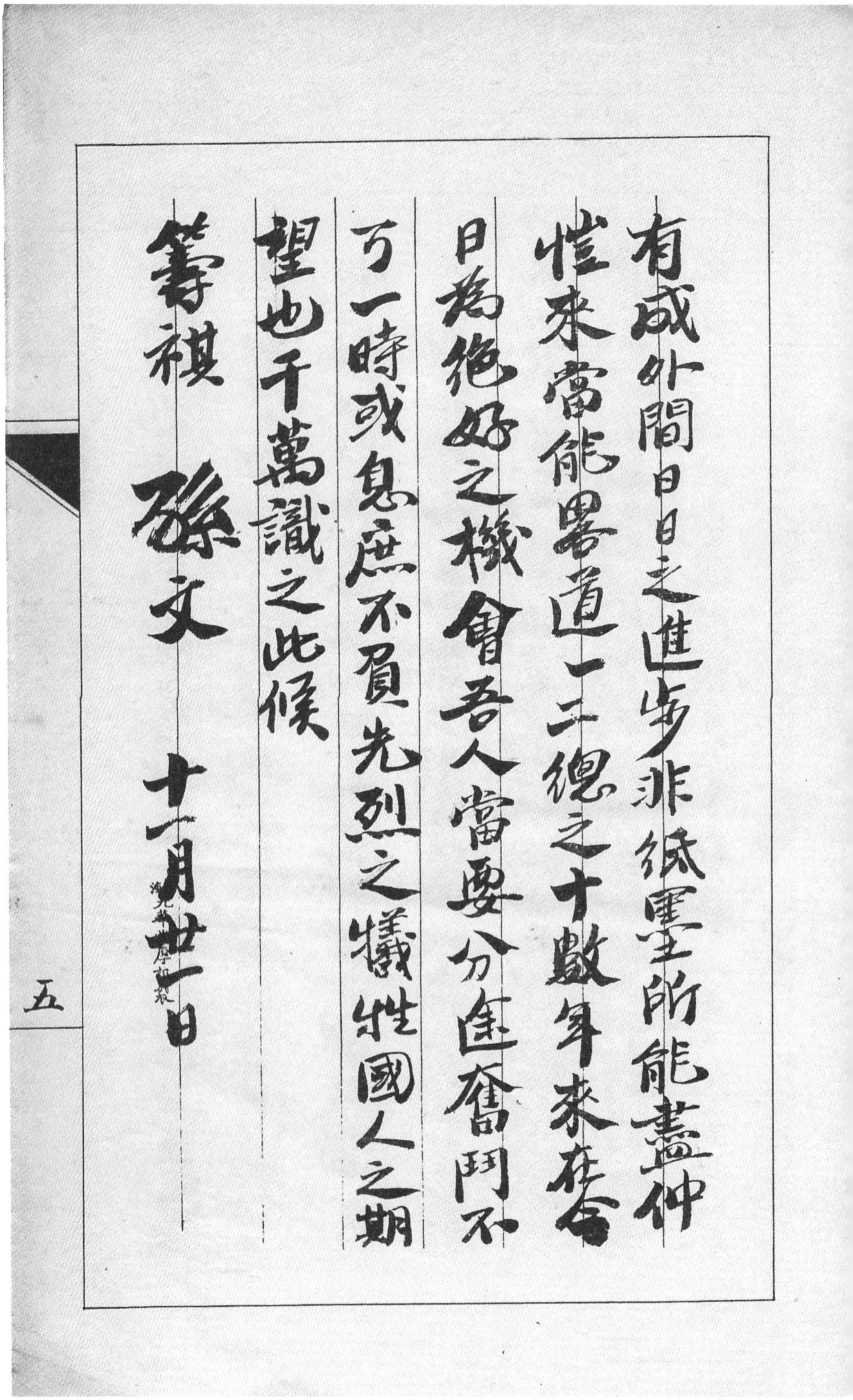

有鉴外間日日之進步非紙墨所能盡仲

愷來當能畧道一二總之十數年來在在

日為絶好之機會吾人當要分途奮鬥不

可一時或息庶不負先烈之犧牲國人之期

望也千萬識之此候

籌祺

　　孫文　十月卅一日

五

其影響於世界者何如也今則有我在外
活動而兄等在福州則為我之後盾也有
此後盾則我之計畫措施日日有進步或
者不必待兄等之收復廣州我計畫已達最
後之成功亦可知也故已無論如何艱苦煩勞
必當留在軍中与我在外之奮鬥相終始愛

上九華堂摩記來

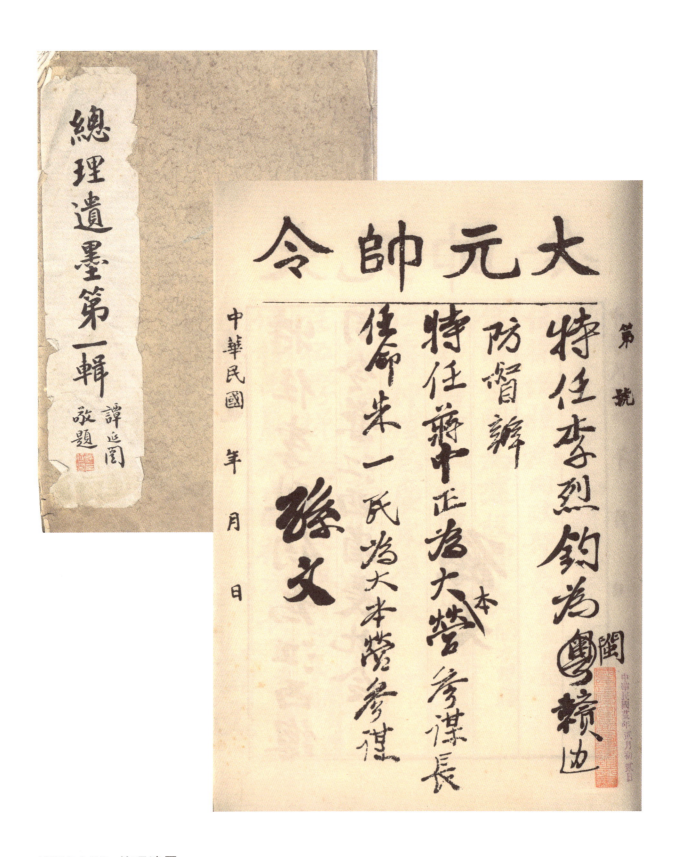

K823.3/96 总理遗墨

南京：国民政府印铸局，1930年，三辑，8开，钤"国民政府文官处图书馆"章。

该书由谭延闿题签，收录孙中山手书命令、电稿、函牍、杂存、手令等。按：该书第一、三辑由国民政府印铸局承印，第二辑由国民革命军总司令部承印。

36473 孙中山先生奉安写真册

  佚名撰，石印本，一册，线装。

  是书为孙中山先生迁葬中山陵时的纪念册。记录了孙中山灵柩自北京香山碧云寺起枢，及沿途各地祭灵，直至安置于南京中山陵全过程的图片，共计130幅，并附相关文字说明。

（五十）二導前之移奉

（六十）一列行之柩送界各平北

（三十）横升之时移奉

（四十）一导前之移奉

120573 总理年谱长编初稿

抄本，三册，线装。林森旧藏。

该书分为总理事迹及革命史实、国内大事、国外大事三部分，各一册。民国时期孙中山年谱虽始终未编定，但初稿仍不失其重要价值。本书系国民政府主席林森旧藏，弥足珍贵。

總理一歲 紀元前四十六年清同治五年丙寅西曆一八六六年

十月初六日 總理誕生於廣東香山縣翠亨鄉

總理氏孫名文號日新又號逸仙幼名德明字帝象又字載之三十三歲時避地日本署名中山樵後遂以中山稱焉先世居廣東東莞縣上沙鄉迄明代其十三世祖禮贊公乃遷香山縣即今所稱中山縣者居東鎮涌口村生二子長樂十次樂南樂十又分居左沙頭尋以田賦煩苛胃返東莞避之會櫻世變不復來香山然自是有後於其地清乾隆時七世祖瑞英公再遷鎮內翠亨鄉居遂仔菌建宗祠明祀典顧丁口甚稀老壯多外出未幾而宗祠以圯

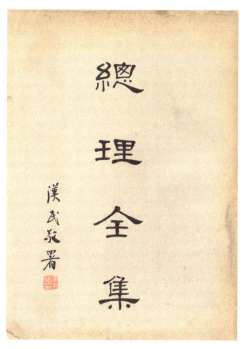

D693.0/387　总理全集

胡汉民编，上海：民智书局，1930年2月初版，五册，25开。

全书分四集，其中第一集析为上、下册。第一集：孙中山遗照10帧，孙中山自传，著作（分主义、方略和杂著）。第二集：宣言、演讲、谈话。第三集：文电、函札。第四集：遗墨。该书是民国时期编纂的最权威的孙中山全集。

方聲洞先生遺像

林覺民先生遺像

饒輔廷先生遺像

K257.1/9 黄花岗烈士遗像专集

　　国民党中央执行委员会宣传部编制，铜版纸印刷，共21大张，4开。

　　是饶辅廷、林觉民、方声洞、林时塽、陈文褒、陈可钧、黄鹤鸣、林尹民等21人巨幅画像，均配有烈士生平简介。图像和文字均有重要史料价值。

355218 革命军文牍

　　佚名辑，1913年抄本，一册，线装。

　　是书分为《初集》《二集》，搜录了辛亥革命高潮时期公开颁布的檄文、布告、照会、示谕、函牍、祭告、章程及规则等革命文献共76件，极具史料价值。

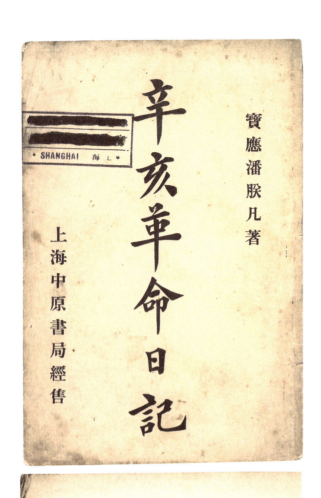

辛亥革命日記

寶應潘脁凡著

上海中原書局經售

余之辛亥革命日記

寶應潘脁凡著

陸軍中學前清時代有四第一在直隸第二在陝西第三在湖北第四在江蘇（後陝西一校併入直隸遂存其三）余陸軍第四中學學生也在校除上課外暇則與同學二三知已切磋學業以相砥礪或閱報章以消閒暇年復一年其樂融融幾忘嚴格教育之況味焉

八月二十四日晨五點鐘起身金風拂面似報人深秋將至者（我校校址附近鍾山故較他處稍寒）循例點名早膳服裝檢查一操三課餘無事可誌下午兩課畢正擬入自習室自習（我校校室係仿與國陸軍中學校式規模極宏敞講堂自習室寢室各有定處）忽見同學三五成羣竊竊私議余竚足而聽始知校長萬廷獻下一命令大意謂奉部令學生不得閱看報章致荒學業云云命意所在莫名其妙迨至晚間接武昌密電謂武昌已于十九日起義盼來云云余等始

一

37465 辛亥革命日记

潘脁凡撰，内页题"余之辛亥革命日记"，1926年铅印本，一册。

该书记述作者随南京陆军第四中学参加辛亥革命的亲身经历，时间从辛亥年八月二十四日（1911年10月15日）至次年正月初七日（1912年2月24日）。作为辛亥革命的直接见证人，该日记具有珍贵的史料价值。

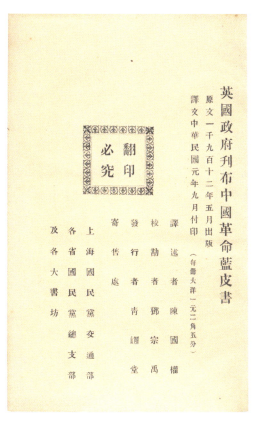

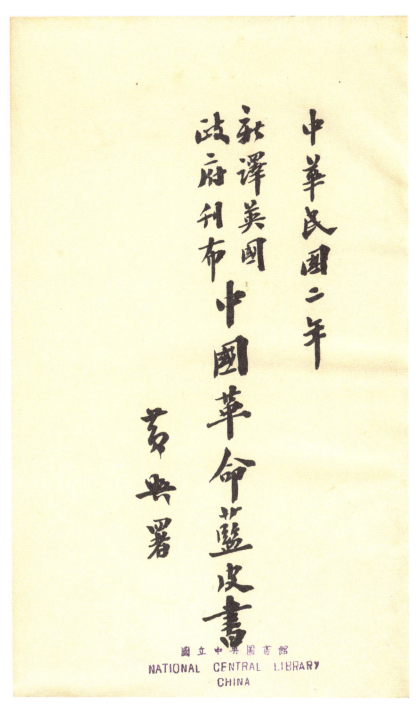

K257.06/1 新译英国政府刊布中国革命蓝皮书

陈国权译述、邓宗禹校勘，[上海]：青崦堂，1913年发行，196页，大32开，精装。钤"东亚同文书院东亚研究部"及"国立中央图书馆"章。

该书原文1912年5月出版，译文1912年9月付印，黄兴题写书名。前有孙中山、江亢虎中文序，伍廷芳、王宠惠英文序。

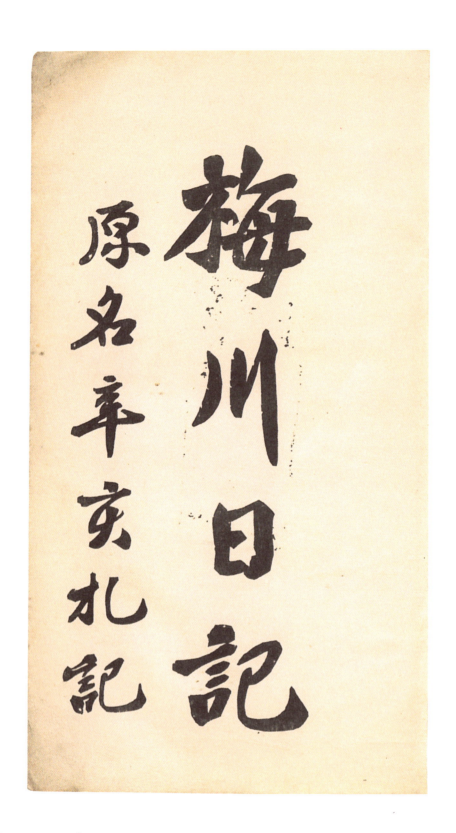

59226 辛亥札记一卷

  居正撰，大东书局，1945年铅印本，一册，线装。

  居正（1876—1951），字觉生，号梅川，湖北广济（今武穴）人。同盟会元老，后任南京国民政府司法院院长。是书又名《梅川日记》，记武昌首义前后亲历见闻，是研究居氏本人和辛亥革命重要的第一手资料。

中華民國三十三年四月　日　梅川居士

附記二則

一、日記中顧有嫌瑣屑者。如盜金菩薩及沔陽監學之類。然當時當人在憂患中之風趣。與籌餉之困難情形。却因此可見。故存之。

二、此編付印時。余覆閱一過。於字句稍有增損。故有若事後之追述者。如記黃花崗事。而謂武昌起義。猶不能不歸功是役。則今茲補筆也。

梅川日記目錄

中部同盟會

上元衆客

廣惠公司

訪楊舒武

譚石屏來漢

八百元資金

黃土坡酒館

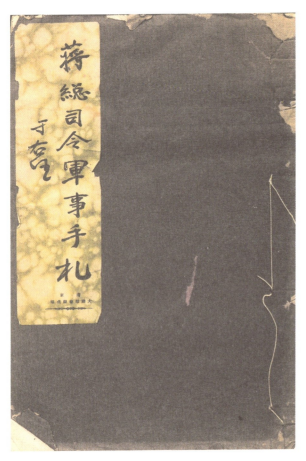

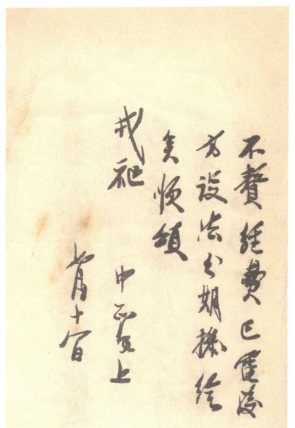

E21/8 蒋总司令军事手札

南京：大陆印书馆代印，一册，16开，线装。于右任题签。

本书收录蒋介石致刘峙、徐源泉、何成浚、陈诚、夏斗寅、李韫珩、郝梦龄、韩复榘、谭道源等国民党高级将领的亲笔手札数十件，内容涉及1930年中原大战等重大事件，极具史料价值。

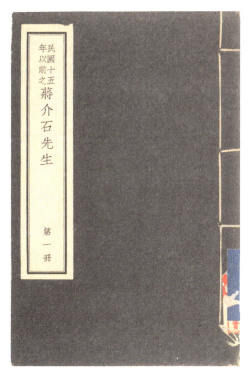

K827/164 民国十五年以前之蒋介石先生（全二十册）

　　毛思诚编著，上海：中华书局，1937年3月版，32开，函套线装。国民政府资源委员会图书馆旧藏。

　　是书分八编，记录蒋介石四十岁（1926年北伐开始）之前生涯，卷首附蒋介石照片8帧。

民國十五年蒋介石先生（目錄）

第三編　留學時期　民國前七年至民國前二年卽十九歲至二十四歲　第一册

第二編　少年時期　民國前十六年至民國前八年卽十歲至十八歲　第一册

第一編　幼年時期　民國前二十五年至民國前十七年卽一歲至九歲　第一册

目　錄

民國以前十五年之蒋介石先生

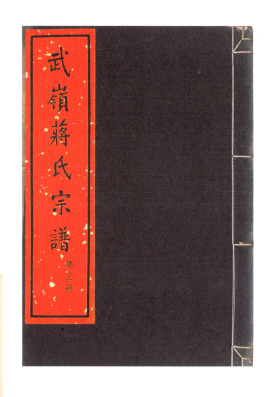

2006574 武岭蒋氏宗谱

陈布雷总编纂。上海：中华书局，1948年铅印本。

全书三十二卷，分先系考、旧谱考、行第歌、世系、世牒、事状志、赠言志、家训志、祠祀志、故居志、乡土志。该书蒋介石（谱名周泰）亲作《先系考》。体例丰赡，内容翔实，是研究蒋氏家族的第一手材料。

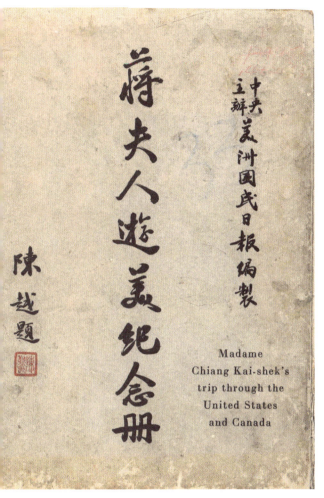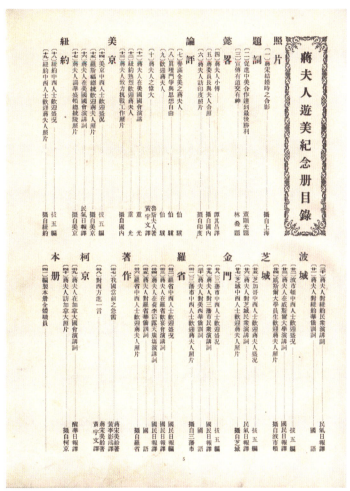

D829.712-64/1 蒋夫人游美纪念册

　　旧金山：美洲国民日报社，1943年7月编制，150页，16开，精装。

　　本书由陈越题写书名，内页有美洲国民日报社总经理黄仁俊题款。书中收录蒋宋结婚合影、题词、懿略、论评、宋美龄在美国和加拿大访问的照片及宋美龄的两篇文章，末附全体编制职员照片。

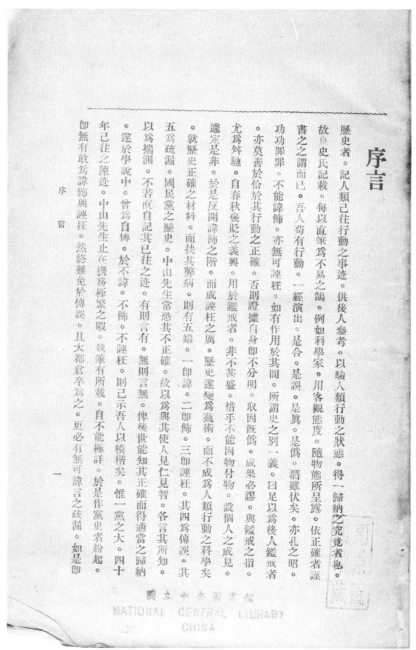

3765/L989（：1–2） 中国国民党史稿

邹鲁著，胡汉民题签，二册，大32开，上海：民智书局，1929年10月初版。

全书按组党、宣传、革命、列传四篇，分别记述革命团体的建立、革命党人的宣传活动、历次武装起义和革命党人的生平事迹，时间起自1894年兴中会成立，止于1925年北伐前。

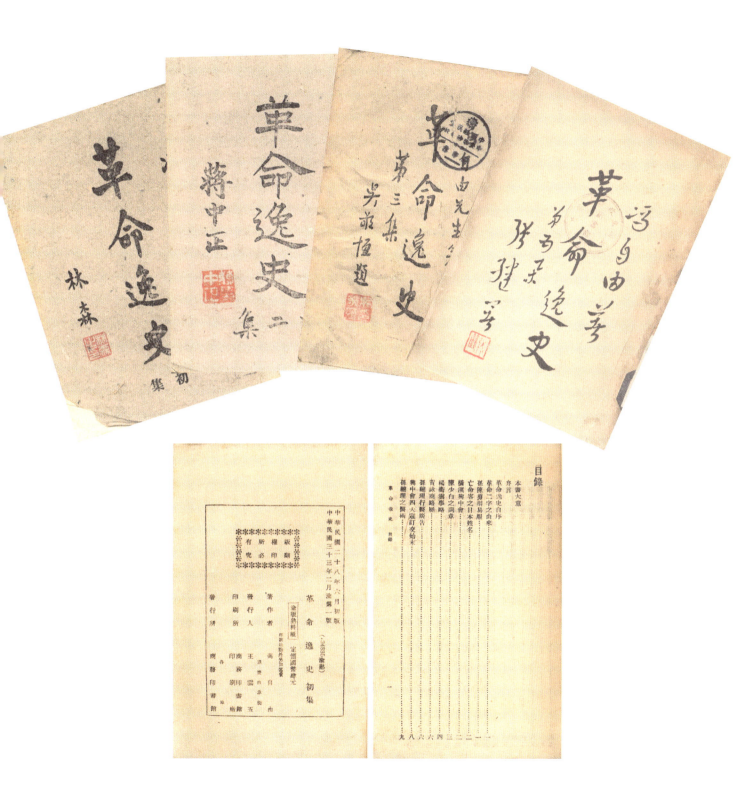

19311/K2421（：1-5） 革命逸史

　　冯自由著，五册（初集至第五集），重庆/上海：商务印书馆1939—1947年出版，32开。

　　封面分别由蒋介石、吴稚晖、林森、张继等题签。本书由作者根据香港《中国日报》及自己多年笔记、往来书信、稽勋局调查表册等编写，详细记述兴中会、同盟会会员事迹及历次武装起义经过。

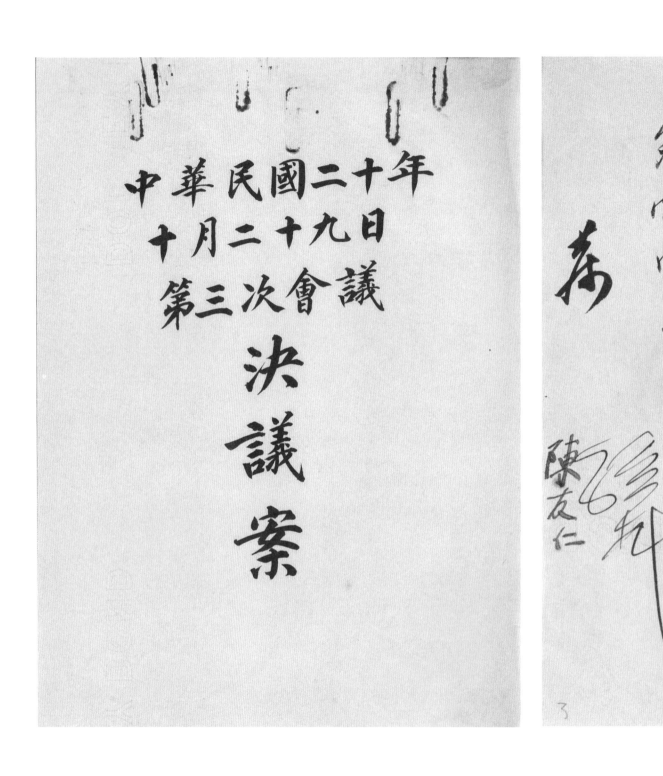

D693.22/321 议决案卷

一册，8开。

系1931年10月26日至11月7日宁粤上海和会历次会议（包括七次正式会议和三次谈话会）之原始记录，大部分为铅笔和毛笔手写，夹少量油印件，所有记录均有代表亲笔签名。该组档案对研究由蒋胡约法之争引致的宁粤对峙及蒋介石第二次下野颇具价值。

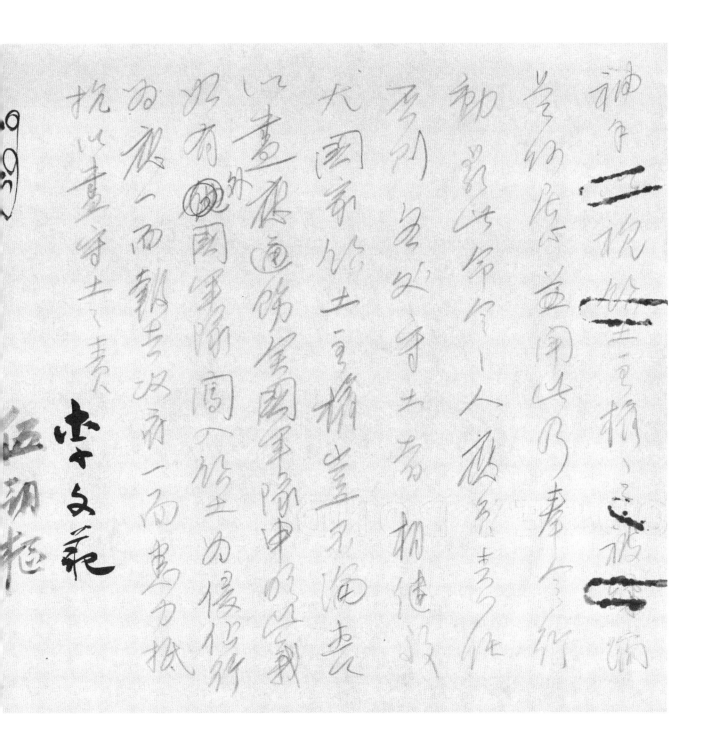

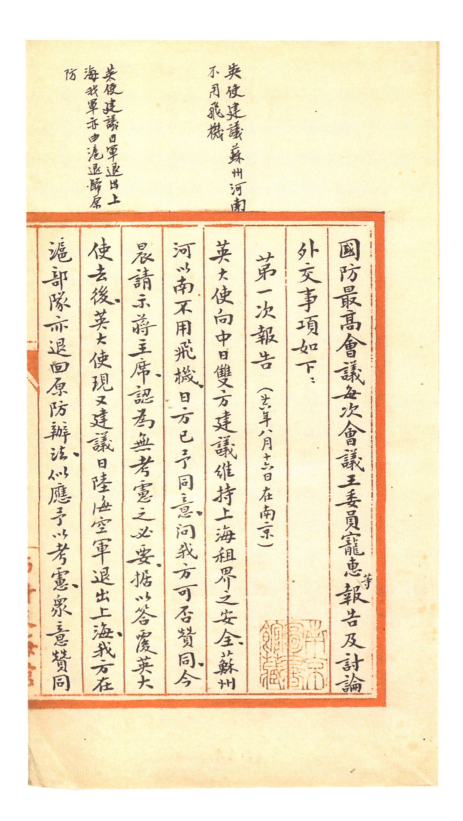

120447 国防最高会议纪录

三册，王宠惠抄本。

王宠惠时任国民政府外交部长。前两册为国民政府国防最高会议报告，起自1937年8月16日第一次报告，讫于1938年4月30日第六十九次报告，后一册题"小组会议纪录"，实际多为王个人自我总结反省、回忆录等。

二、仍由师范文中教以读字法同今之方块字难字图
画但随时随地相机讲解对柞每字的意义与逼真
均有详画的解释五岁时富文在家设馆授徒六
个又整随读但因组母的翰学未将四书王经卒
读文中入初小为衔按高小起上特在小冬多霜年
年书计四年年赔卒业十二已专入高小猜二年半
五十五岁毕业

三郡自九岁起蒙文中教我看小说为三国演义聊斋

读异蒙书在小学时期均已看勿迹至五申卒二年级
贴玛而用功及当书之书在小冬时期因看列小学教师
遂庄儒年自以先刚他们那麼古时再儒字也不迹的对柞
写字逼泣波□迎苦功夫所以出言迹全身像揚又有一
次因一篇作文为教师所赏谊全标章为传颂遂引起

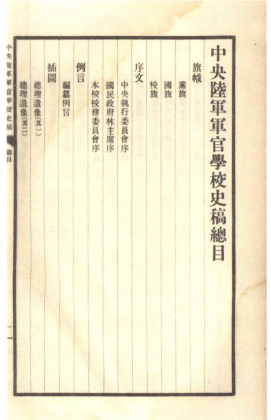

E296.3/4 中央陆军军官学校史稿

　　南京：中央陆军军官学校，1936年6月编印。共10册，16开，函套线装。

　　该书详细记述了黄埔军校（后改称中央陆军军官学校）自1924年6月成立至1934年6月的历史。第一册扉页题"慕尹老师赐存，学生杨良敬赠，民国二十六年元月于金陵"。按：钱大钧，字慕尹，曾任黄埔军校代总教官；杨良，系黄埔军校第一期学生。

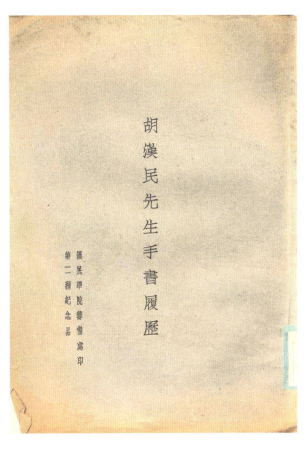

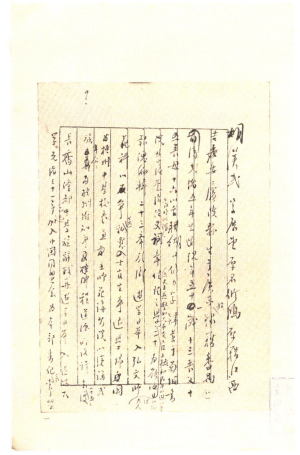

K827.6/83 胡汉民先生手书履历

南京：汉民学院筹备处，1937年影印，8页，16开。

本书记载胡汉民自幼年至1929年被选为国民党中央执行委员止的个人经历。均系胡汉民亲笔草书。

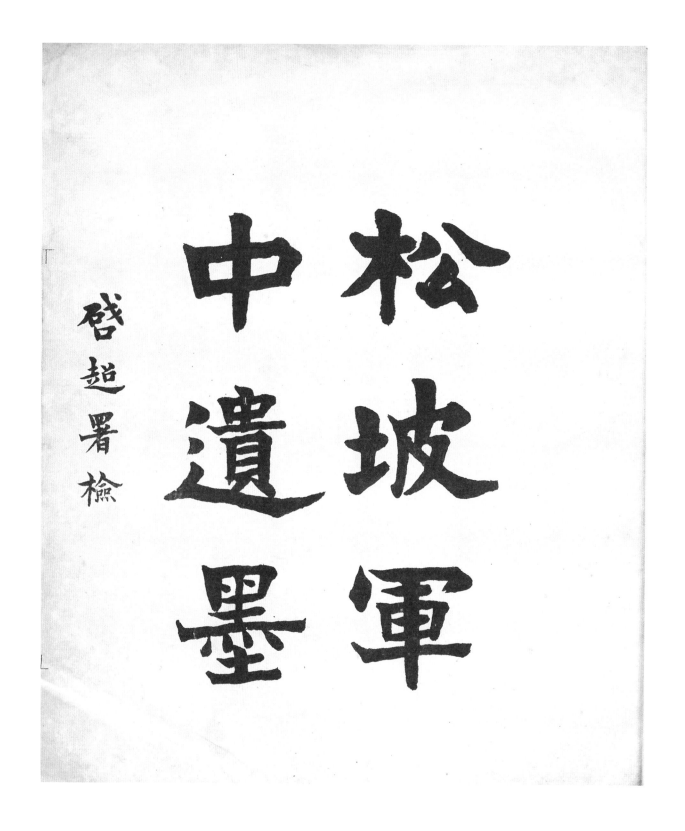

37467 松坡军中遗墨

蔡锷撰，松坡学会，1926年石印本，二册。梁启超题写书名（扉页）。

蔡锷（1882—1916），原名艮寅，字松坡，湖南宝庆（今邵阳）人。著名军事家、军事理论家。1915年发动护国运动，有"再造共和"之功。

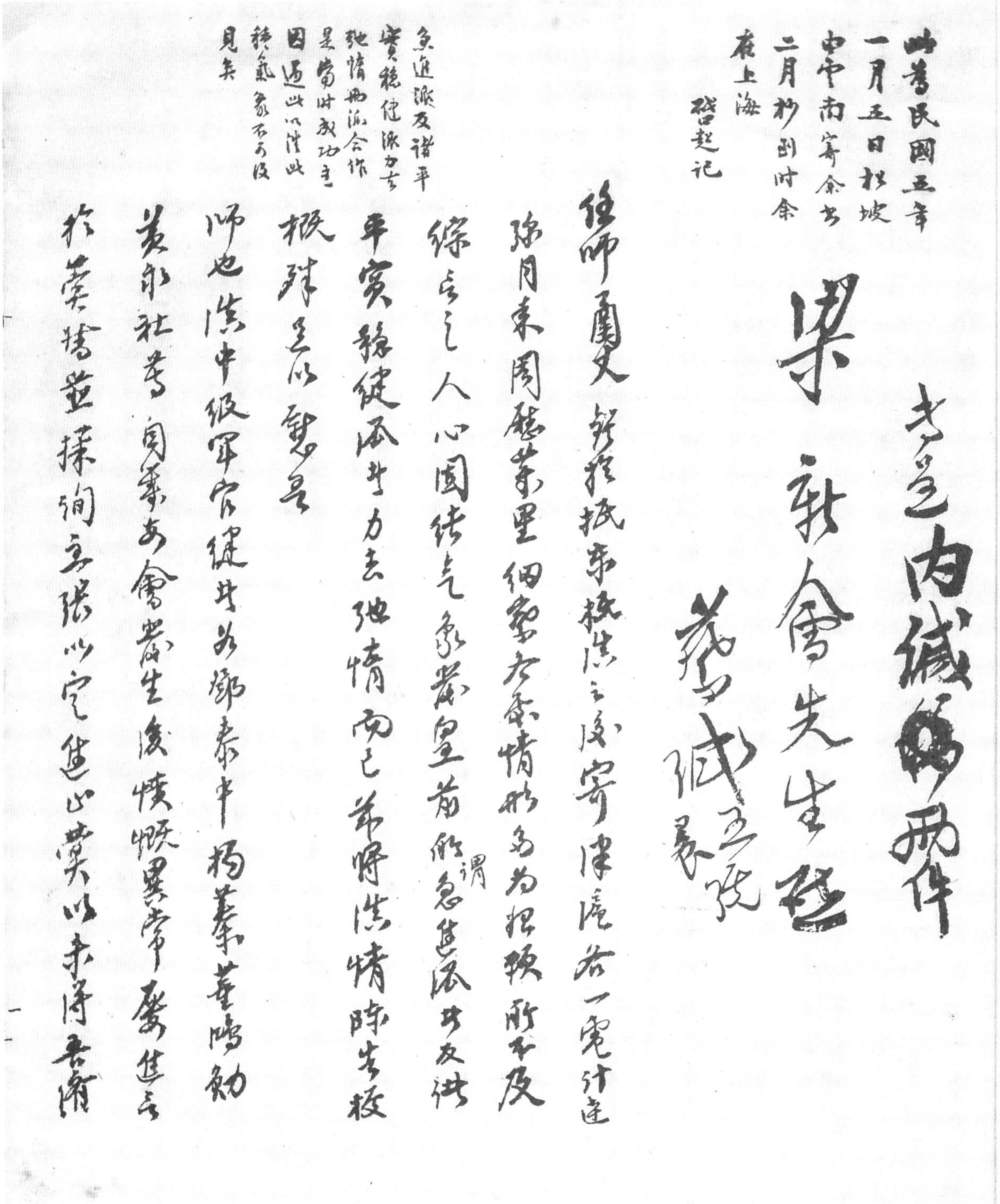

此書民國五年
一月五日於坡
中中南寄余去
二月抄到時余
在上海
啓超記

梁 新會先生遺墨

...（手稿草書，内容略）

未编 中华民国宪法（民国三十五年十二月国民大会通过）

上海：商务印书馆，1947年8月影印。一册，40.5×28.5cm，线装。

本书系依照正本影印，红底黑字书签，黄缎印花封面封底，硬纸板套。前为《中华民国宪法》全文，后有国民大会代表计1609人亲笔签名。

2. 中共党史

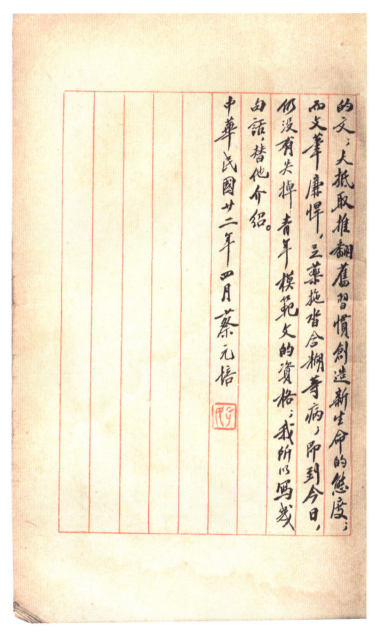

的文：大抵取推翻舊習慣創造新生命的態度；

而文筆庸悍，三葉拖沓含糊等病，即到今日，

仍没有失掉。青年模範文的資格；我所以寫我

白話，替他介紹。

中華民國廿二年四月 蔡元培

534943/J689 独秀文存

陈独秀著，上海：亚东图书馆，1937年版，四册，32开。东亚同文书院旧藏。

该书由蔡元培作序，全书分三卷：第一卷论文，第二卷随感录，第三卷通信。共收文近300篇。

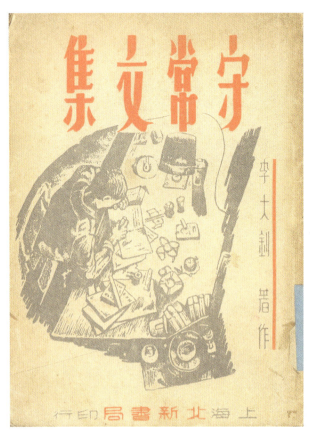

D2-1/2 守常文集

　　李大钊著，上海：北新书局，1949年7月版，259页，25开。

　　该书分上、下卷，收《唯物史观在现代史学上的价值》《东西文明根本之异点》《我的马克思主义观》《十月革命与中国人民》《庶民的胜利》等30篇文章。

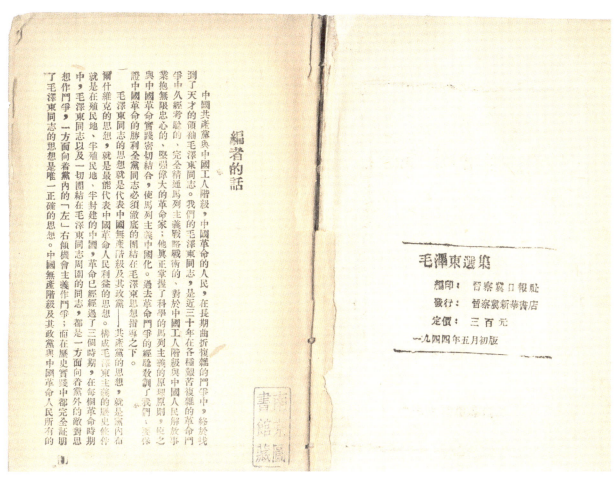

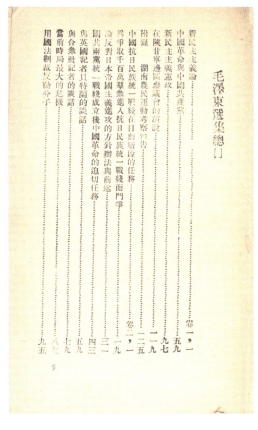

A41/01 毛泽东选集（一至五卷）

晋察冀日报社编印，1944年5月初版，785页，32开，布面精装。

该书是《毛泽东选集》最早的版本，收录了毛泽东从抗战开始到1944年公开发表的著作25篇及以往发表的4篇，计46万字。卷首"编者的话"由晋察冀日报社社长兼总编邓拓撰写，阐述了毛泽东思想对指导中国革命的伟大作用和意义。

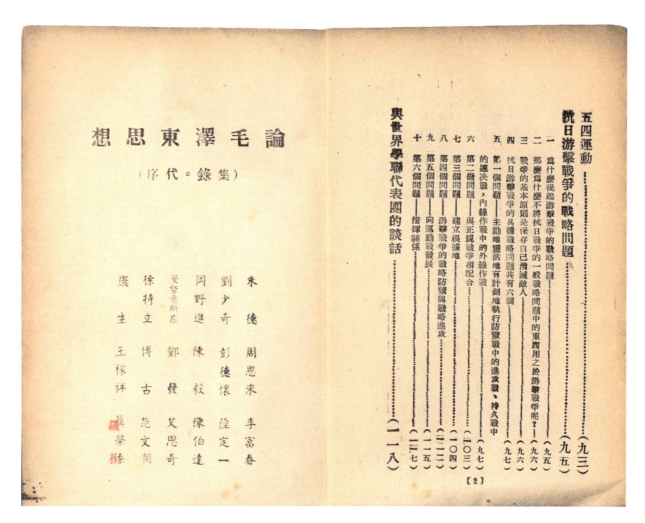

A41/2（1）　毛泽东选集（第一卷）

［盐城］：苏中出版社，1945年7月，124页，32开。

该书收录《中国抗日民族统一战线在目前阶段的任务》《反对日本帝国主义进攻的方针办法与前途》等11篇文章。卷首有朱德、刘少奇、周恩来等代序"论毛泽东思想"，对研究"毛泽东思想"这一概念的形成尤具价值。

A424/400123 新民主主义论

毛泽东著，［上海］：新潮出版社，1949年5月初版，38页，32开。

本馆共藏该书52种版本。是本作者署名"叶平"，极为罕见，有人视之为伪装本。

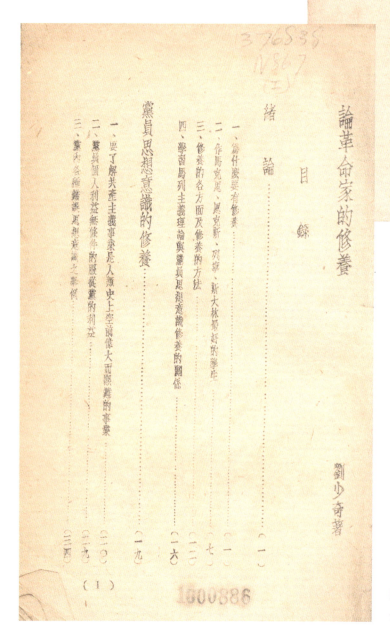

F326、9/1 论革命家的修养

刘少奇著，大连：大众书店，
1946年版，67页，32开。

该书是刘少奇名著《论共产党员
的修养》之异名本，但只有原书的"绪
论"、"党员思想意识的修养"两章。

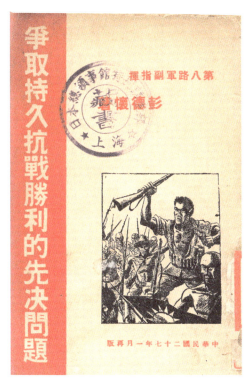

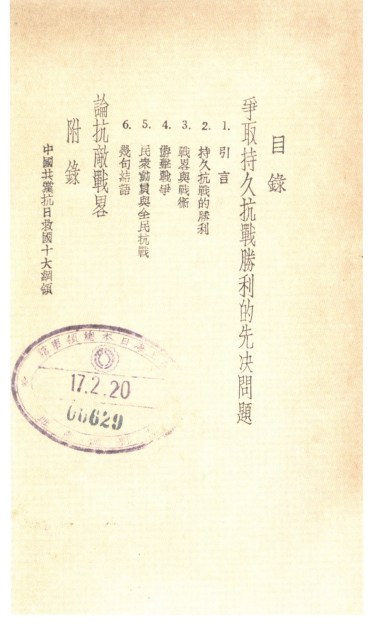

D38/38 争取持久抗战胜利的先决问题

　　彭德怀著，上海：南华出版社，1938年1月版，36页，32开。钤"在上海日本总领事馆"藏书章，印章上"17、2、20"指昭和17年（1942）2月20日入藏。

　　该书论述持久抗战之战略与战术、游击战、民众动员与全民抗战等内容，随刊"论抗敌战略"一文，附录"中国共（产）党抗日救国十大纲领"。

H1/40 我的红军生活回忆

李光（滕代远）著，广州：抗日旬刊社，1938年2月版，正文66页，32开。

该书记述红军的物质生活、政治文化生活、同群众的关系、红军组织、干部培养等各方面的情况。书末附《一个信基督教的医生在红军内的经验》一文，介绍傅连暲在红军中的经历。

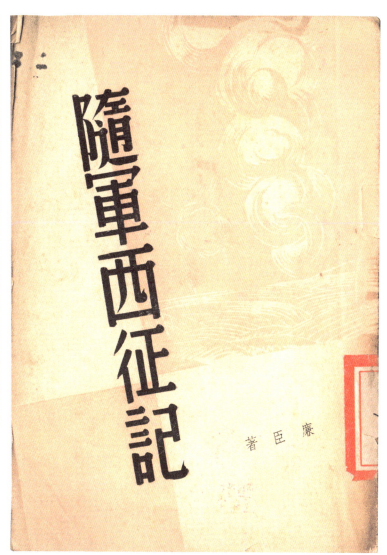

D37/7（2） 随军西征记

廉臣著，汉口：生活书店，1938年3月版，74页，小32开。

廉臣系时任中共中央政治局委员的陈云之化名。作者化装成被俘的白区军医身份，记述随红军长征的所见所闻，是报道红军长征最早也最权威的著作之一。

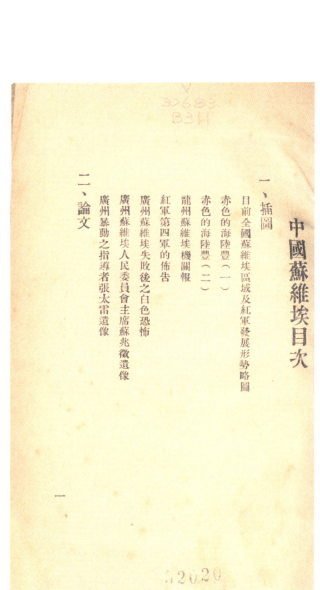

D37/1 民权初步

上海：三民公司，1930年5月版，正文180页，32开，精装。钤"国立中央图书馆"章。

该书系伪装书，目录页题名"中国苏维埃"，由全国苏维埃区域代表大会编辑。内容分插图、论文、苏维埃区域的状况、附录及编者言五部分，是研究中国苏维埃运动史的珍贵资料。

2520961/H542 中国的西北角

范长江著，天津：大公报，1937年6月版，354页，25开，有照片。

全书分成兰纪行、陕甘形势片段、祁连山南的旅行、祁连山北的旅行、贺兰山的四边等五部分，共收文64篇，对西北各地的地理、山川、民族、风俗、宗教、政治、文化、经济、交通、工农生产等状况均有较详细的论述。

I712.55/19 西行漫记（足本）

　　（美）爱特伽·史诺著，亦愚译，上海：急流出版社，1949年9月初版，正文359页，32开，有图片。

　　该书分寻求红色的中国、赴红都之路、在保安、一个共产党员的来历、长征、西北的红星、到前线去的途中、在红军中（上）、在红军中（下）、战争与和平、回到保安去、回到白区、旭日上的暗影等共13章。

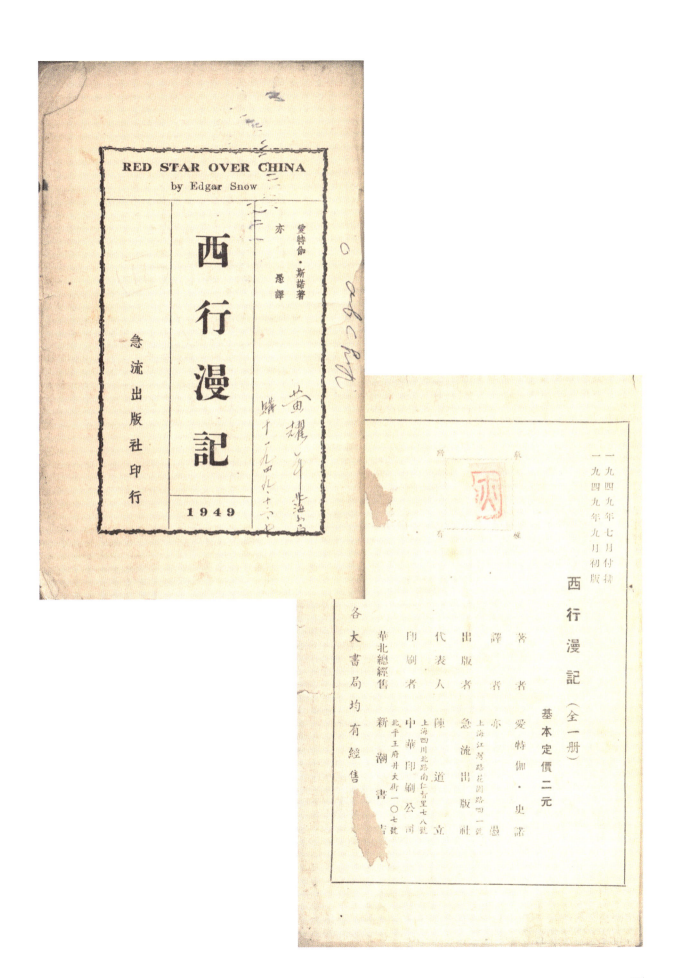

RED STAR OVER CHINA
by Edgar Snow

愛特伽·斯諾著

亦愚譯

西行漫記

急流出版社印行

1949

一九四九年七月付排
一九四九年九月初版

西行漫記（全一册）

基本定價二元

著　者　愛特伽·史諾

譯　者　亦　愚

出版者　急流出版社
　　　　上海江灣路花園路四一號

代表人　陳　立　道

印刷者　中華印刷公司
　　　　上海四川北路南仁智里七八號

華北總經售　新潮書店
　　　　北平王府井大街一○七號

各大書局均有經售

INSIDE RED CHINA

by Nym Wales

續西行漫記

甯謨·韋爾斯著

復社藏版

1939

精裝實價二元二角

平裝實價一元八角

續西行漫記

美國韋爾斯著

二十八年四月六日付印·二十八年四月十五日發行

復社印行·各大書店經售

D37/15 续西行漫记

（美）宁谟·韦尔斯（斯诺夫人）著，胡仲持、冯宾符等译，复社，1939年4月版，593页，25开，有照片。

内分"到苏区去"、"苏区之夏"、"妇女与革命"、"中国苏维埃的过程"、"中日战争"五章，记述作者在中国西北解放区的见闻。末附《八十六人略传》，分政治领袖、军事领袖和开除党籍者三部分。

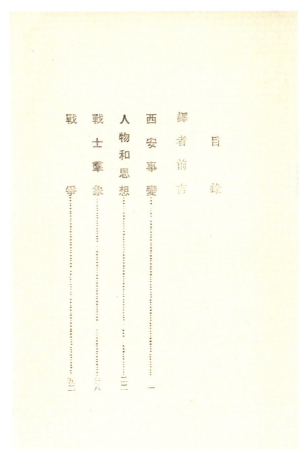

D37/21 中国之战歌（序曲篇）

（美）史沫德莱著，丘融译，［出版地不详］：展望出版社，1946年5月版，正文74页，32开，有照片。

本书是同名英文原著中第四篇"统一战线与战争（1936—1937）"的节译，分"西安事变"、"人物和思想"、"战士群象"、"战争"四部分。

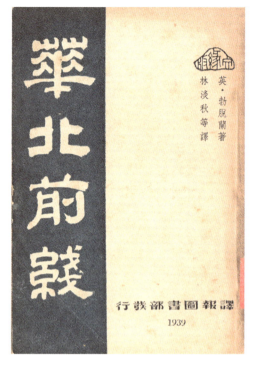

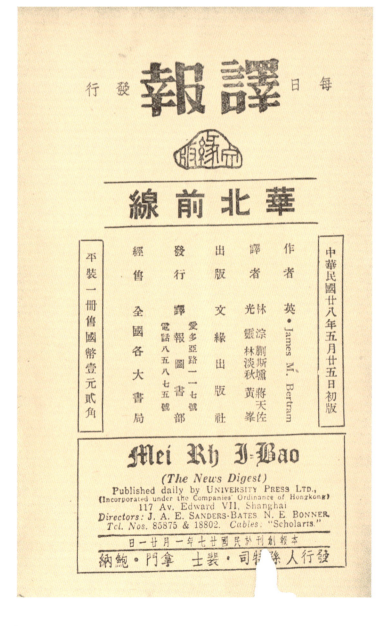

D38/132 华北前线

（英）勃脱兰著，林淡秋等译，［上海］：文缘出版社，1939年5月版，正文428页，小32开。

该书分序幕"战争的前夜"和华北事变、到延安去、战时的边区、到山西去、八路军、北上途中、跟贺龙在一起、在前线、游击队、统一战线等十章，以及尾声"盲目的侵略家"。

D38/134 北行漫记

（美）福尔曼著，陶岱译，北平：燕赵社，1946年12月版，正文239页，小32开。

该书是作者以美国新闻记者身份于1944年秋对延安历时六个月之久访问的见闻录。

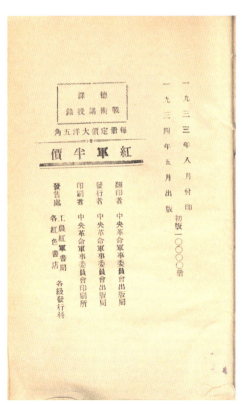

E83/6 德译战术讲授录

中华苏维埃共和国中央革命军事委员会出版局，1934年5月翻印，正文272页，大32开，加精装。

内容为1933年2月出版的德国顾问巴德在南京中央军校高级班的讲授记录。该书共十章，分别讲述遭遇战、运动战、持久战、山地战等各种战术，附录"用兵法"、"军事教育"、"后勤"等，书前有翻印说明及巴德的卷首感言。

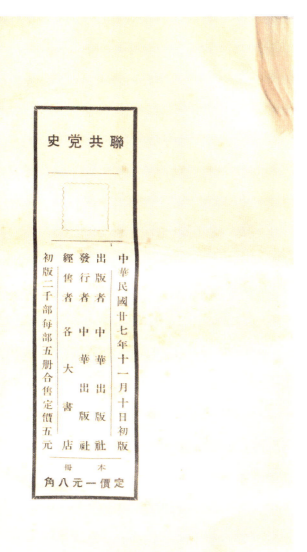

D351.23/11 联共党史

　　（苏联）耶鲁斯拉夫斯基著，中华出版社，1938年11月初版，正文676页，32开，有插图。钤"军事委员会政治部第三厅图书室"章。

　　全书主要总结了1883—1937年联共（布）建党、夺取政权和建设社会主义的基本经验。该书曾是中共干部的必读书籍，其历史观对中共党史影响极为深远。

3. 学术名著

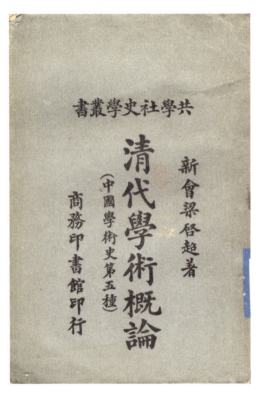

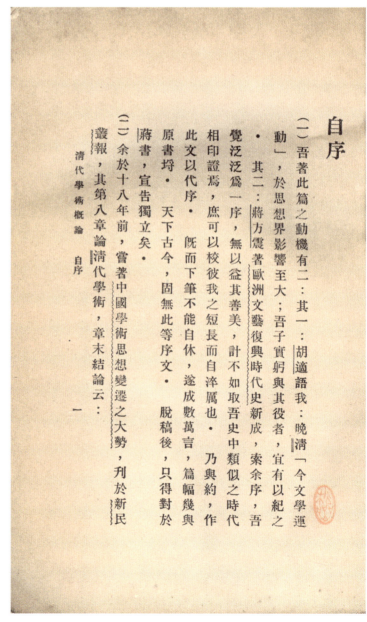

C09／2 清代学术概论

梁启超著，上海：商务印书馆，1921年2月版，183页，25开。

本书系统地论述明末至清末中国学术思想发展的概况，探寻各个时期学术思想的起因、特点和衰落，对各时期各学科的代表人物及其著作加以剖析，并给以历史评价。

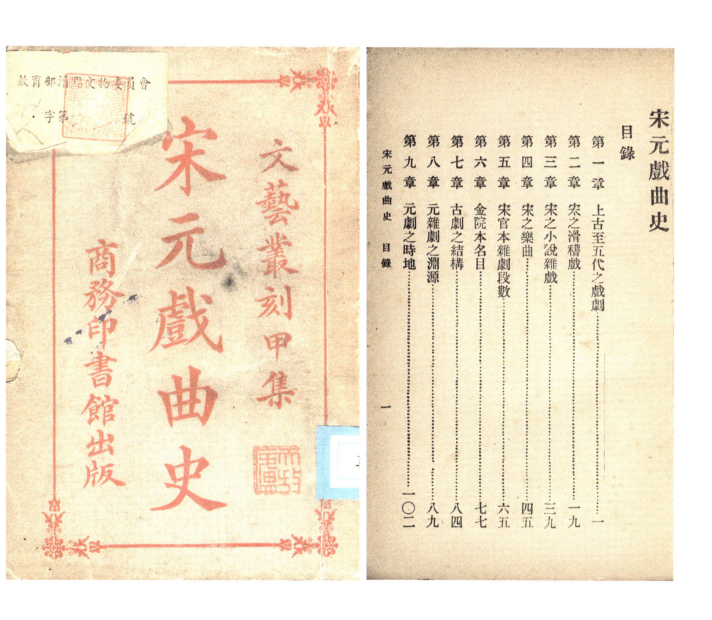

I207.37／2 宋元戏曲史

王国维著，上海：商务印书馆，1925年12月版，199页，32开。

本书分16章，首先简介上古至五代的戏剧，然后分别叙述宋代的滑稽戏、小说杂戏、乐曲及官本杂剧，金院本名目，元杂剧的渊源，元剧的存亡与结构，元院本，以及南戏的渊源与时代等。

1911／T278 古史辨（全七册）

顾颉刚、罗根泽、吕思勉、童书业等编著，沈尹默、钱玄同、顾廷龙等题签，北平：朴社；上海：开明书店，1926—1941年出版，七册，25开或32开。

本书为中国历史，尤其是上古史的考证文集，包括论文和通信等，参加讨论的除编著者外，还有胡适、钱玄同、梁启超、郭沫若等。

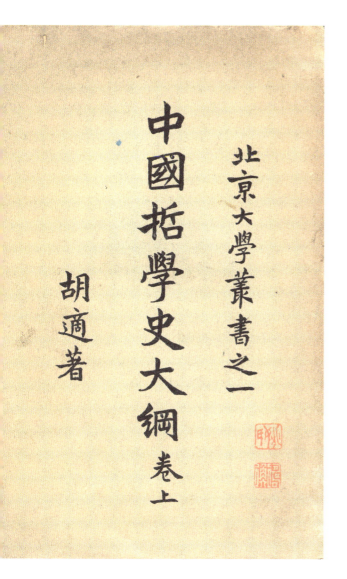

B2／15　中国哲学史大纲（卷上）

胡适著，上海：商务印书馆，1930年5月版，419页，25开。

全书分12篇，论述从上古至两汉中国古代哲学发生、发展的历史，并兼论哲学史的定义、种类、研究目的等问题，末附作者撰《诸子不出于王官论》一文。

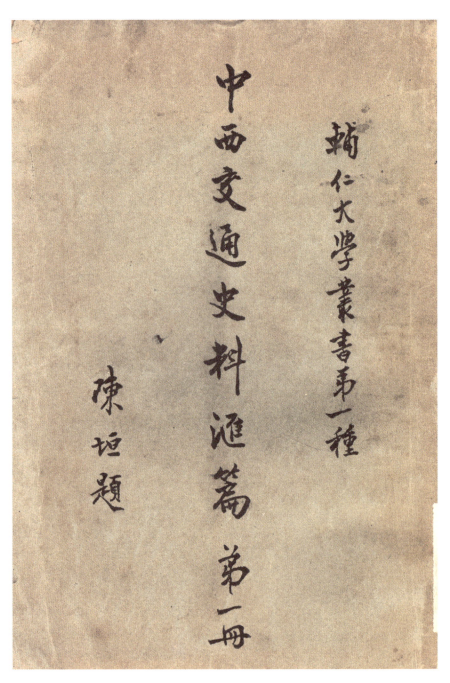

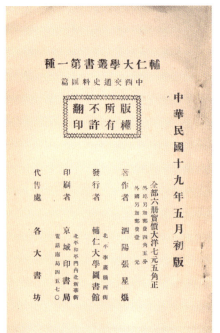

19456/J993（：1-6） 中西交通史料汇篇（全六册）

张星烺编著，北平：辅仁大学图书馆，1930年5月初版，六册，25开。陈垣题签，朱希祖序。

本书先概述上古时代中外交通，再分篇叙述古代中国与欧洲、非洲、阿拉伯、亚美尼亚、犹太、伊兰（伊朗）、西部土耳其斯坦及印度之交通。

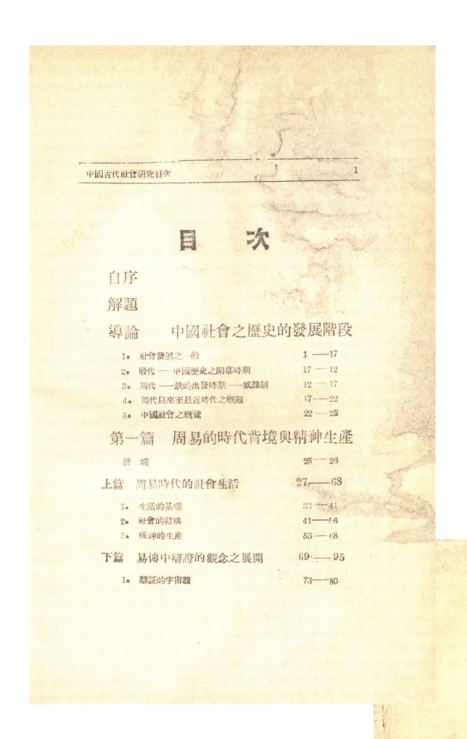

K220.7／6　中国古代社会研究

郭沫若著，上海：中亚书局，1930年版，364页，32开。

该书论述殷、周社会结构及社会思想。卷末有追论与补遗。

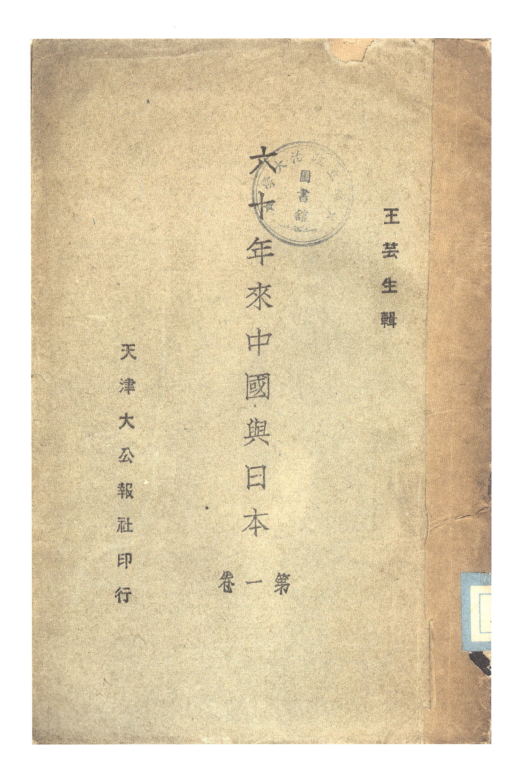

D829.313／1（：1-7）　六十年来中国与日本（全七卷）

　　王芸生辑，天津：大公报社出版部，1932—1934年，七册，25开。钤"东亚同文书院大学图书馆"等章。

　　该书卷首为"古代关系之追溯"，其后详细记述1870—1930年的中日关系史。第二、三、四卷有附论《李鸿章之功罪》、《中俄密约辨伪》、《辟所谓"秘密议定书"》，每册正文前均有照片多幅。

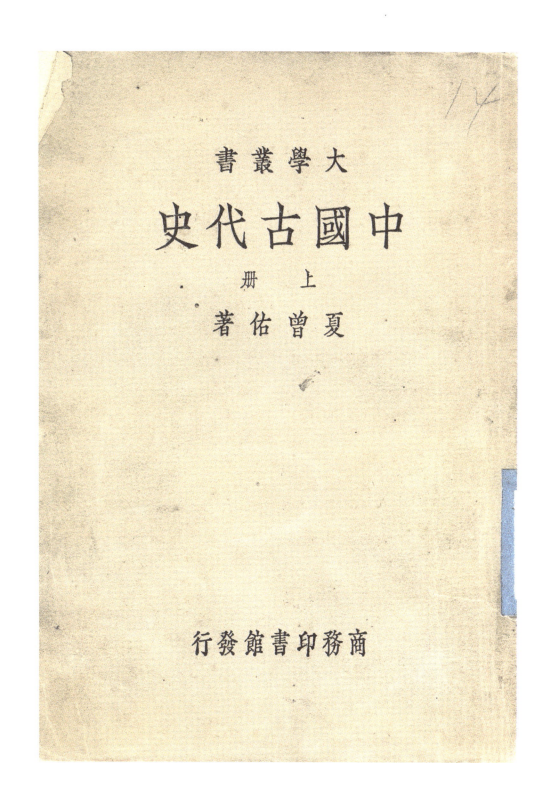

大學叢書

中國古代史

上　册

夏曾佑　著

商務印書館發行

K232／4　中国古代史（上下册）

　　夏曾佑著，上海：商务印书馆，1934年3月版，正文537页，25开。
　　该书分上古史、中古史两篇，叙述从神话传说至隋末的历史，所据史实以《二十四史》为主。著者称东周以前为"传疑时代"，春秋战国为"化成时代"，秦汉为"极盛时代"，魏晋南北朝为"中衰时代"。

目錄

第一篇 上古史

第一章 傳疑時代（太古三代）

1

中華民國二十三年三月初版　實價洋陸角伍分

大學叢書（教本）中國古代史二冊

（一〇六二二B）

下册平裝定價大洋壹元叁角

外埠酌加運費匯費

著作者　夏曾佑

發行人　王雲五　上海河南路

印刷所　商務印書館　上海河南路

發行所　商務印書館　上海及各埠

（本書校對者周志立）

B六八七

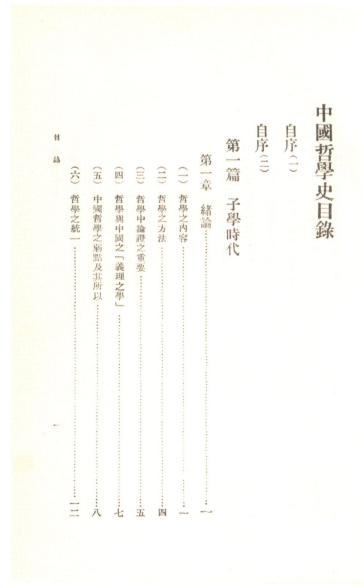

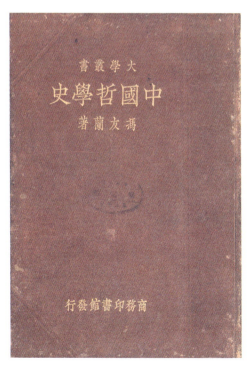

B2／36　中国哲学史（上下册）

冯友兰著，上海：商务印书馆，1934年8月版，25开。

全书分为子学时代、经学时代两编，各16章，对从先秦至清末的中国哲学史进行了系统的论述，末附陈寅恪与金岳霖的审查报告。

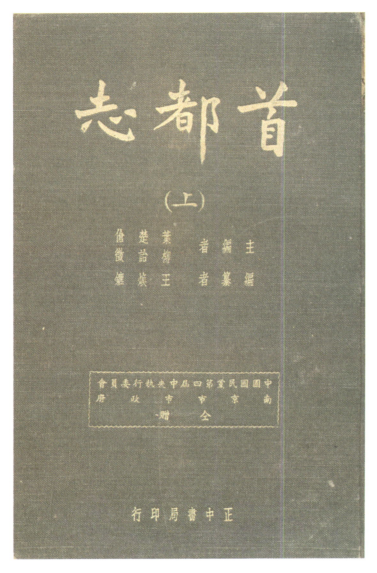

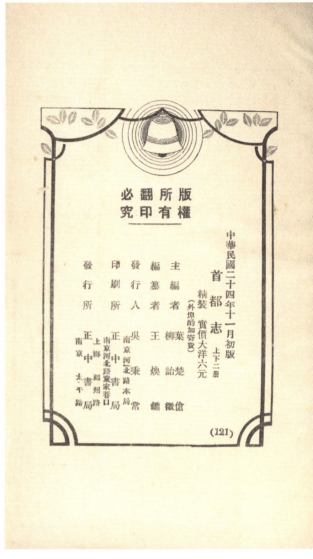

252111/L563 首都志（上下册）

　　王焕镳编纂，南京：正中书局，1935年11月初版，25开，精装。封面印"中国国民党第四届中央执行委员会、南京市政府仝赠"字样。

　　该书分十六卷，详细介绍南京市的沿革及历史、地理、人物、现状等方方面面。书中有地图和古建筑图52幅，风景照片、名胜古迹、文化交通设施照片75帧，表格61种。

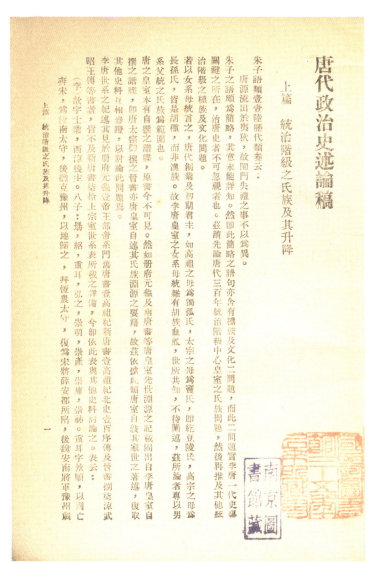

K242.7／1 唐代政治史述论稿

陈寅恪著，上海：商务印书馆，1937年2月版，116页，25开。

该书分上、中、下篇，论述唐代皇族和名门望族的升降、政治革命、党派分野、外族盛衰的连环及外患与内政的关系等。

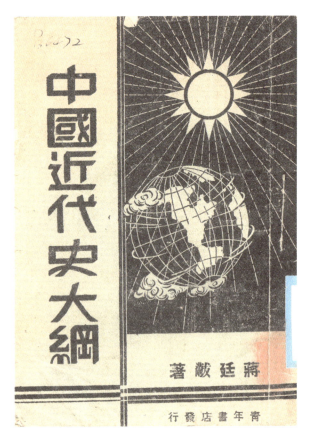

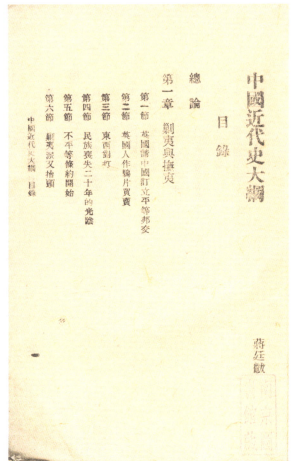

K25／14 中国近代史大纲

　　蒋廷黻著，重庆：青年书店，1939年版，正文142页，小32开。

　　该书分剿夷与抚夷、洪秀全与曾国藩、自强及其失败、瓜分及民族之复兴等四章，概论鸦片战争至北伐完成的历史。

194122／J411 台湾通史（上下册）

连横著，重庆：商务印书馆，1946年1月初版，25开。

本书为纪传体史书，计有纪4卷、志26卷、列传8卷、附表若干；所记上起隋大业元年（605），下迄清光绪二十一年（1895）九月，凡1290年；作者一反过去史书中多详礼、乐、兵、刑的记史方法，而于各志中多记乡治以下民事；卷末有"连雅堂先生家传"。

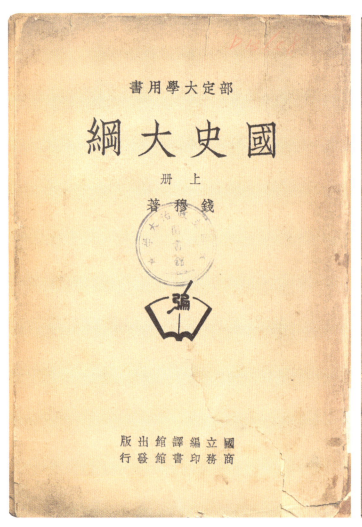

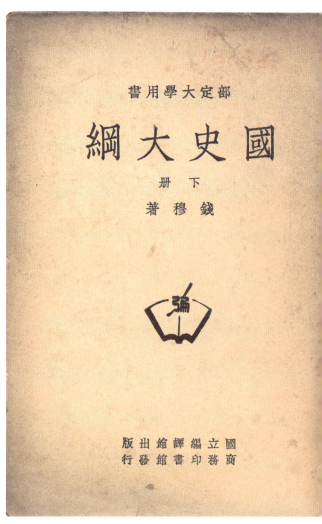

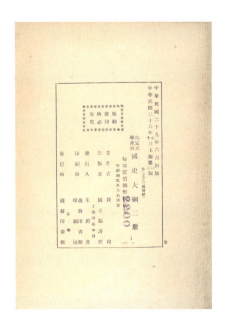

19094／0225（：1-2） 国史大纲（上下册）

　　钱穆著，上海：国立编译馆出版，商务印书馆印行，1947年10月版，正文660页，25开。钤"国立政治大学图书馆"章。

　　全书分上古三代、春秋战国、秦汉、魏晋南北朝、隋唐五代、两宋、元明、清代等八编。

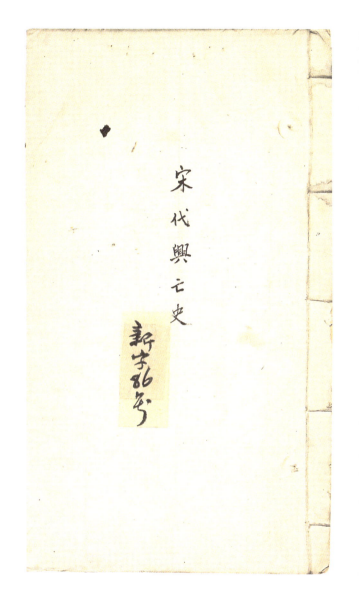

57999 宋代兴亡史

张孟伦撰，稿抄本，一册，线装。

张孟伦（1905—？），江西万年人。历史学家。是书原为作者在中正大学史学系任教时所编写的讲义，据卷首牌记，该本系作者1947年10月亲自誊抄送商务印书馆出版所用之本。

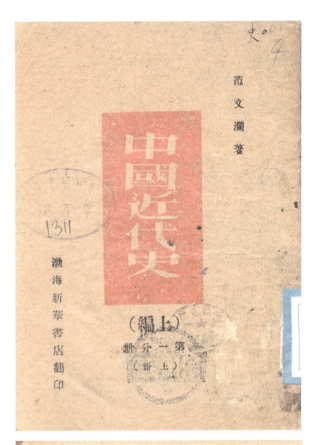

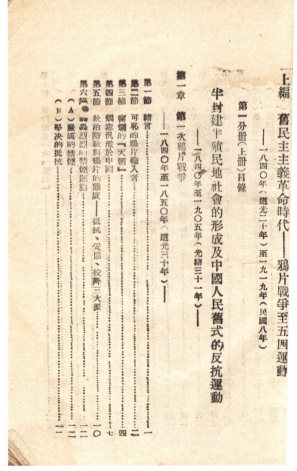

K251／4 中国近代史（上编　第一分册）

范文澜著，渤海新华书店，1947年12月翻印，上下册，正文360页，小32开。

该书上编总标题为"旧民主主义革命时代——鸦片战争至五四运动"；第一分册总标题为"半封建半殖民地社会的形成及中国人民旧式的反抗运动"，概论第一次鸦片战争到义和团运动的历史。

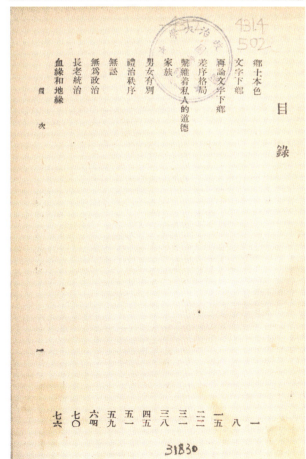

C912.82／17 乡土中国

费孝通著，上海：观察社，1948年4月版，106页，32开。

该书为作者所讲"乡村社会学"课程的一部分，内容包括《乡土本色》《文字下乡》《家族》《男女有别》《无为政治》《长老统治》《血缘和地缘》《名实的分离》等14篇文章。

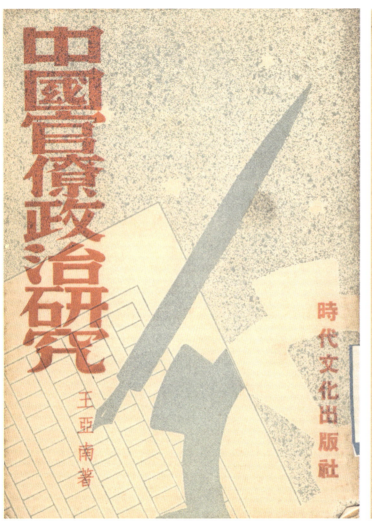

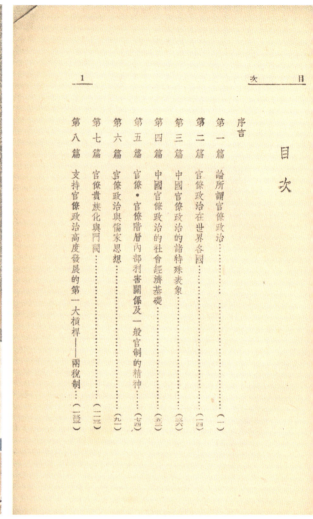

D693／214　中国官僚政治研究

王亚南著，上海：时代文化出版社，1949年1月版，321页，32开。

原名"中国官僚政治之经济的历史的解析"，阐述中国官僚政治的特殊表象及社会经济基础、官僚阶层内部利害关系、官僚政治与儒家思想、官僚政治对于中国社会及现实的影响等。

4. 其他著作

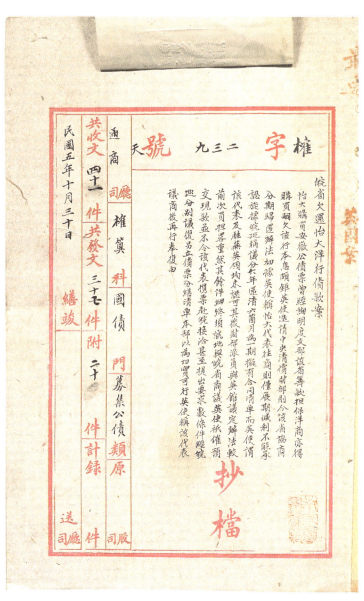

352218 皖省欠还怡大洋行债款案

民国政府外交部归档抄件，四册，毛装。

安徽向英国怡大洋行借款案是一桩由发行内债继而演变为外债的公案，其缘起1910年，1912年立案，至1931年方告结束。该档收录信函、照会文书、来电文稿及合同等，以日志形式详细记录案件始末，起讫时间为1913年4月—1919年12月。

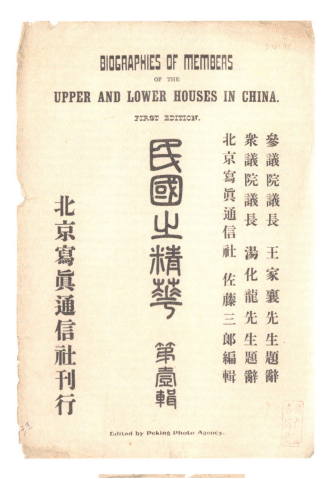

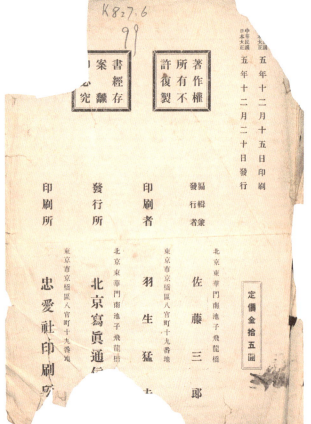

K827.6/99 民国之精华（第一辑）

〔日〕佐藤三郎编，北京：写真通信社，1916年12月版，497页，16开，精装。

本书辑民国参、众两院议员452人的传略及肖像。书前有"中华民国议会史"长文（日文）。议员传略均有中、日、英三种文字。

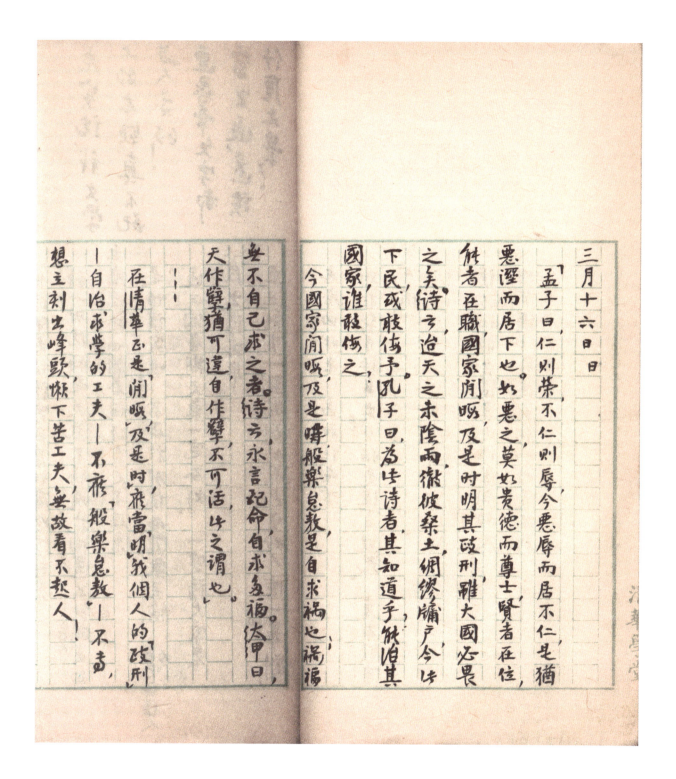

352105 张彭春日记不分卷

稿本，42册（第11至52册），年份为1924—1929、1932年，其中，1924年9册，1925年1册，1926年10册，1927年7册，1928年7册，1929年4册，1932年4册。用"清华学堂"、"南开中学"或"南开大学"稿纸，32开或25开，线装。

日记涉及清华和南开校务与人事等诸多方面，极具史料价值。

改變態度。

就已有的建築趣来。

各個人都有希望變好，「有教無類」。

對於一概先生我學生我將改變態度看他們。

给他们一種作好的鼓動不要讓他们一見我就……生一種

我有什麼計盈多害他们的念頭，！

立是我態度上的大病。

人家批評我冷傲也就在這一點！

！！！

在清華必須
有大谋，所以可
以忍一時的小節。

無論如何，必須洗淨一切患失的心，我来在岸
地勉強作下去，一定是因為有大谋完全不是為享
一個舒服的地盤！

正是必須得清基之的！自反而縮雖千萬人吾往
矣！

……

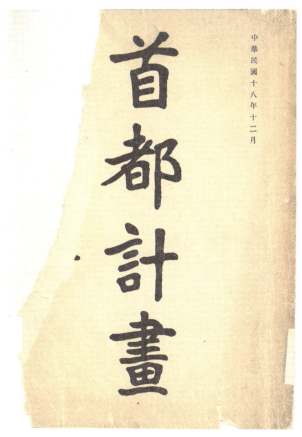

375112111/0646 首都计划

国都设计技术专员办事处编，1929年12月印行，184页，16开，附大量图表。

该书介绍南京史地概略及其建设计划，涉及南京整体功能布局以及建筑、道路、交通、绿化、文教、基础设施建设等具体规划，是南京、也是中国近代第一部精细科学的城市规划。

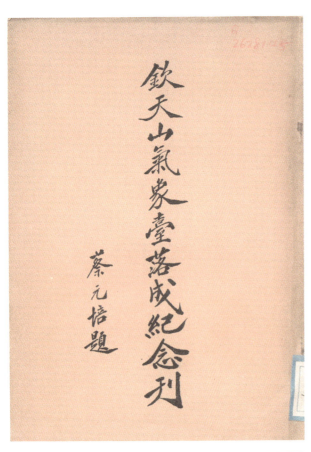

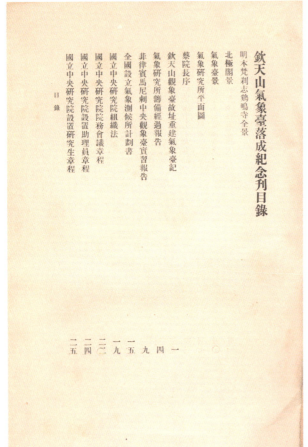

P4-24/1 钦天山气象台落成纪念刊

南京：国立中央研究院气象研究所，1929
年编印，51页，16开，有图片。

蔡元培题签，该书是关于中央研究院气象
研究所和南京钦天山（鸡鸣寺）气象台的重要
资料。

G245-64/1 边区风物展览会影片集

　　川康边防总指挥部编制，上海：新闻报，1929年，121页、横16开，精装，钤"中华民国地质调查所图书馆"章。

　　本书由刘文辉题写书名并作序。书前有展览会组织成员合影，收西南各省民族、宗教用品、工艺品、产品、武器以及风俗图片142幅。

130949 清代学者象传第一集

叶衍兰、叶恭绰合编，上海：商务印书馆，1930年石印本，大16开，线装，四册，分别由谭延闿、蔡元培、于右任和罗振玉题签。

收清代著名文人学者171人像，并附小传。该书是像传体图书的经典之作。

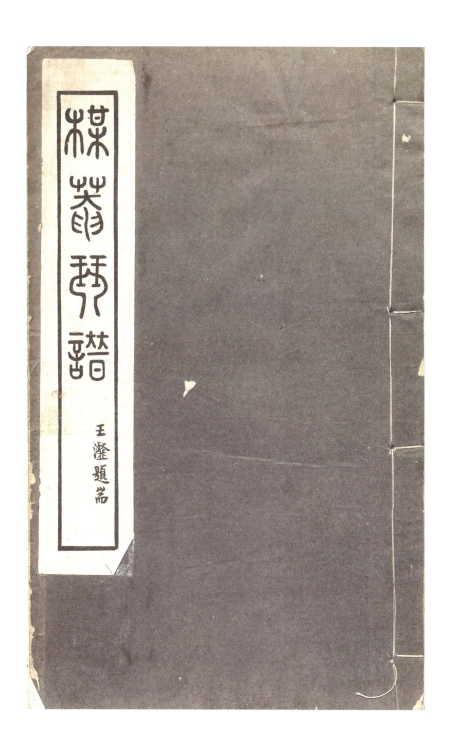

7000386 梅庵琴谱二卷

　　徐卓编，南通：梅盦琴社，1931年石印本，一册，线装。

　　徐卓（1897—1969），字立孙，号笠僧，江苏南通人。古琴大师，梅庵琴社创始人之一。该书前身《龙吟观谱残稿》是古琴大师王宾鲁（字燕卿）末完成之遗作，后经其弟子徐卓重新编订，邵森参校，易为今名。

高等師範得從諸城王燕卿先生受琴學先生摯愛余暇
輒對弈常靜聆先生操縵默索微妙先生見余之能領悟
也則欣然悅嘗夏夜苦熱相與鼓平沙梅菴桐蔭下不覺
炎氣盡消也奄忽數載先生遽歸道山臨沒以未著完譜
為憾回思往昔不勝悲感爰就所親聆于先生者編述如
次儻稍能償先生之宿願於萬一也乎先生授課梅菴中
因以名譜焉南通徐卓立孫識

海 軍 陸 戰 隊 登 陸

2. A detatchment of Japanese marines being conveyed to their outposts for the "protection of their nationals and interests" in Shanghai.

K264.31/9 战地摄影：日军暴行集

上海：好运道书局，1932年2月，30页，横32开。

该书为一二八淞沪抗战战地摄影集。

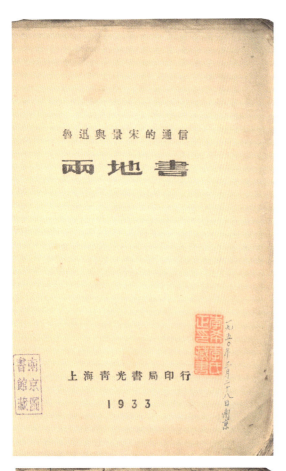

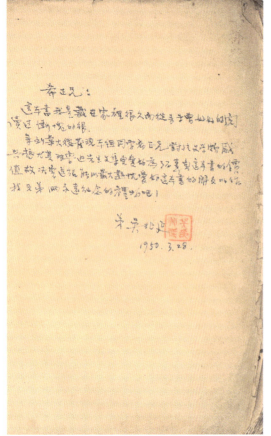

I210.7/2　两地书

　　鲁迅、景宋（许广平）著，上海：青光书局1933年6月版，258页，25开，毛边本。

　　该书收鲁迅和许广平1925年3月至1929年6月间的通信，分北京、厦门—广州、北平—上海三集。本馆藏本有原收藏者赠书言、钤受赠人藏书章，书中有多处批注。

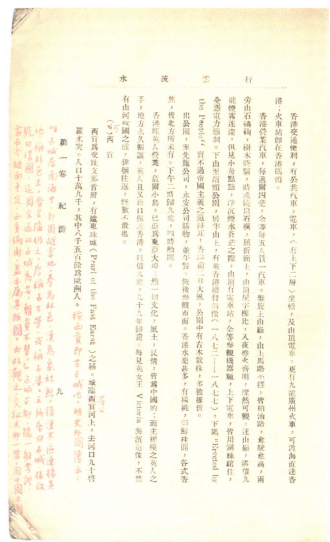

I216.2/121　行云流水

朱偰著，南京：钟山书局，1933年版，346页，大32开。

本书分纪游、通信及随笔、小说、欧游杂录、译诗五卷及附录"海外诸子杂咏"，卷首有徐梵澄（笔名季湄）序，有插图81幅。书中多处由著者用红笔修订、增补，但修订后未再版。

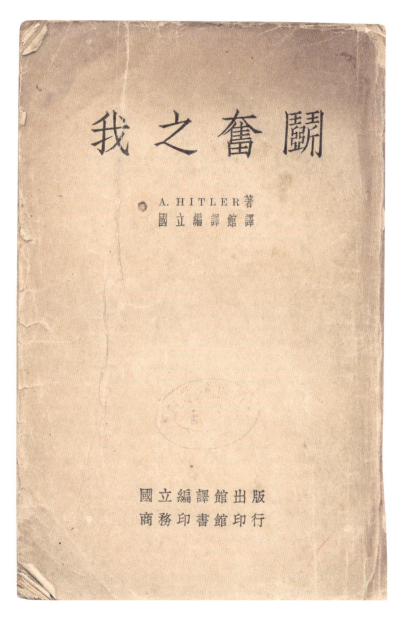

K835.167/3 我之奋斗

（德）希特勒著，国立编译馆译，上海：商务印书馆，1936年2月版，346页，大32开。

本书据英译本节译，参以德文校定。分上卷"奋斗之回顾"和下卷"民族社会主义运动"，共27章，述作者生平行事，及其社会、经济、政治思想之渊源，兼涉其运动之目的与方法。附插图10幅及希特勒年谱（1889年4月至1933年1月）。

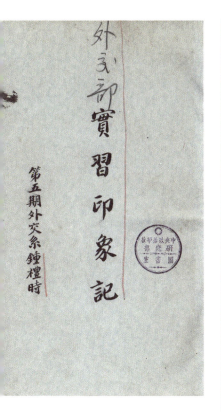

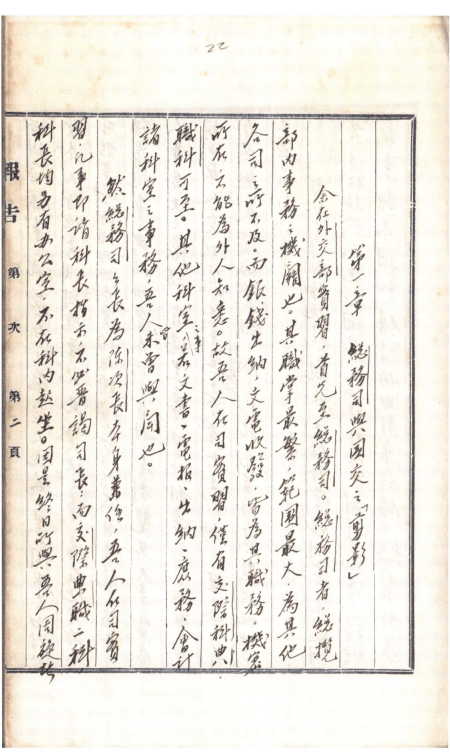

D829.125　外交部实习印象记

钟礼时撰，南京：中央政治学校，1936年，16开，手写本。

本书系"中央政治学校学生实习调查报告"之一种，作者为该校外交系学生。按：本馆藏该系列手写本500余册，约17万页，时间跨度为1931—1937年，地域覆盖江、浙、沪、鲁、鄂等省市，内容涉及行政、工商、财政、金融、法律等方面。

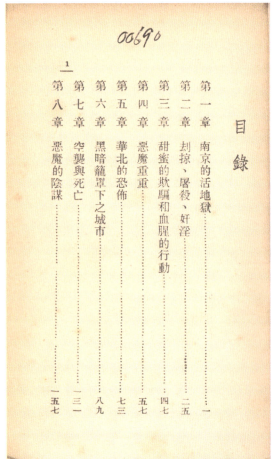

19353744/D633 外人目睹中之日军暴行

（英）田伯烈编著，杨明译，汉口：国民出版
社，1938年7月初版，163页，32开。

田伯烈系英国《曼彻斯特导报》驻华记者。该书
首次向世人完整公布了日军南京大屠杀（作者斥之为
"现代史上破天荒的残暴记录"）的真相。

G894/2 满洲集邮图谱

孙正平编，奉天（沈阳）：兴亚印刷株式会社，康德九年（1942）4月初版，一册，19.3×26.9cm，活页精装，编号本第252册。

收录郑孝胥、张景惠、袁金铠等伪满官员题词或序文，伪满当局发行之邮品及其介绍，伪满洲国发布的法令等。

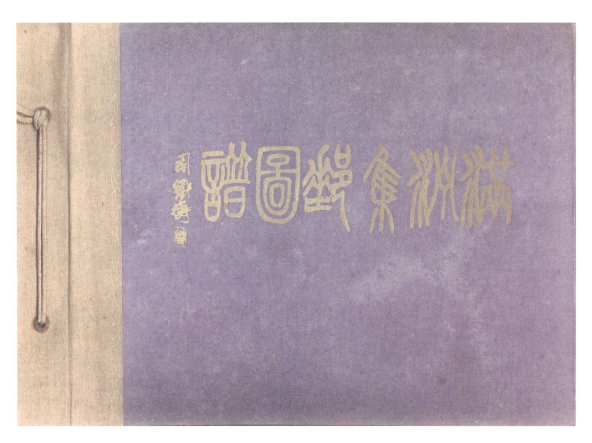

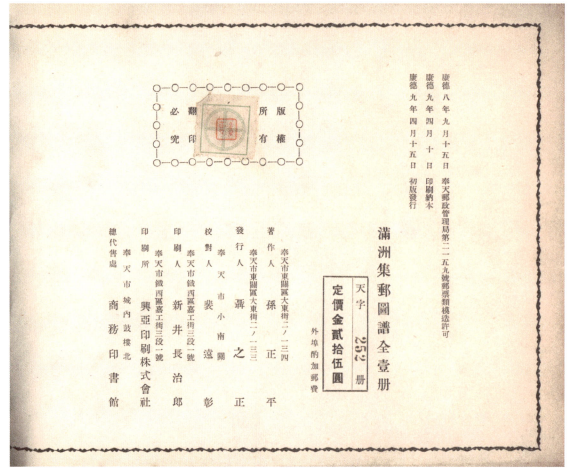

康德八年九月十五日　奉天郵政管理局第二一五九號郵票類模造許可

康德九年四月　十　日　印刷納本

康德九年四月十五日　初版發行

滿洲集郵圖譜全壹册

天字 252 册

定價金貳拾伍圓

外埠酌加郵費

著作人　奉天市東關區大東街二ノ三四　孫　正　平

發行人　奉天市東關區大東街二ノ二三三　聶　之　正

校對人　奉天市小南關　裴　遠　彰

印刷人　奉天市鐵西區嘉工街三段一號　新井長治郎

印刷所　奉天市鐵西區嘉工街三段一號　興亞印刷株式會社

總代售處　奉天市城內鼓樓北　商務印書館

版權所有　翻印必究

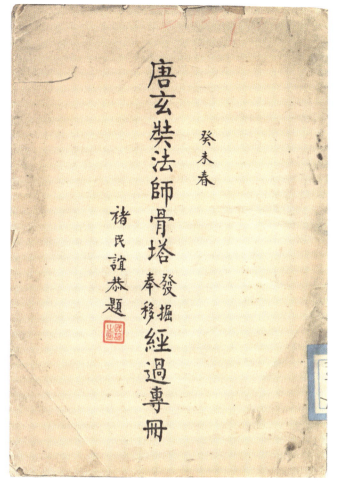

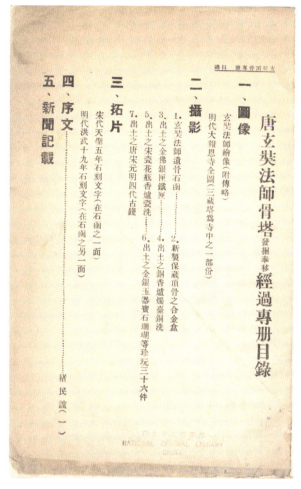

唐玄奘法師骨塔發掘奉移經過專冊

癸未春

褚民誼恭題

A872.53/2　唐玄奘法师骨塔发掘奉移经过专册

南京：玄奘法师顶骨奉安筹备处，1943年，正文21页，16开。

该书系沦陷区出版的发掘报告和考证论文集。全书分图像、摄影、拓片、序文、新闻记载、报告、考证及附录八部分。

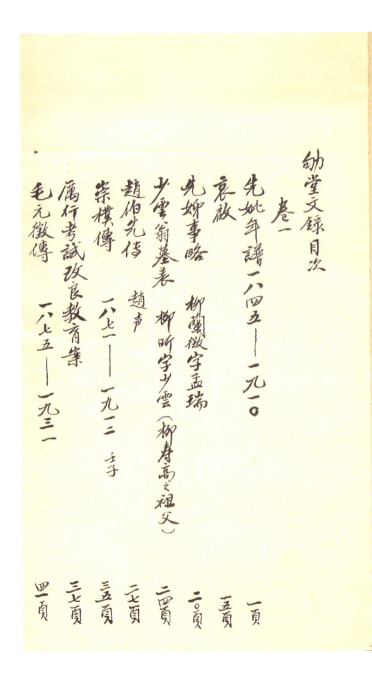

劬堂文錄目次

卷一

先妣年譜 一八四五—一九一〇 ……… 一頁

哀啟 ……… 五頁

先姊事略 柳蘭徵字孟瑞 ……… 二〇頁

少雲翁墓表 柳昕字少雲（柳肅高之祖父） ……… 二四頁

趙伯先傳 趙聲 ……… 二七頁

柴横傳 一八七二—一九一二 壬子 ……… 三五頁

屬行考試改良教育策 ……… 三七頁

毛元徵傳 一八七五—一九三一 ……… 四四頁

93593 劬堂文录三卷

柳诒徵撰，江苏省立国学图书馆抄本，三册，线装。

柳诒徵（1880—1956），字翼谋，号劬堂，江苏丹徒人。曾任江苏省立国学图书馆馆长。本书1946年成稿，收录了其先祖母年谱、友朋传记、墓铭祭文、"各刊物词"及名家著作序跋文等。

中華民國三十七年戊子春日
右任夫子大人七十榮慶 弟子等 特以硃墨印刷本書二百部
以爲紀念

弟子
張治中　吳開先　范守淵　戴方民　高爾柏
秦望山　項學儒　吳懷民　許人一　陳　鈞
梁龍光　慶深庵　張一寒　廖若千　郭景森　謹誌
陳獨滇　鄭仲武　謝芸阜　俞　瑞　唐鳴時
謝紹妷　陳子英　蔣抱一　施丁凡　徐蔚南

題詞

落落乾坤大布衣。傷麟嘆鳳欲安歸。卅年家國興亡恨。付與先生一卷詩。

茅店霜雞劍影寒。幾囘亡命度函關。書生已辦憂天下。莫作山東劇孟看。

義師惜未下咸陽。百戰無功弔國殤。寒角悲笳弊塞主。可憐我馬已玄黃。

貝加湖水碧漣漪。去國申胥往復還。已換赤明龍漢劫。那堪囘首列林山。

虎踞龍蹯舊石城。當年失計誤遷京。不須更怨袁公路。南朔而今有戰爭。

蒼黃陽夏籥兵日。辛苦鍾山養望時。終遣拂衣歸海上。高風艭節

柳亞子

一　大東書局印行

未编　三原于右任诗集（六卷）

于右任著，上海大学同学会编，上海：大东书局，1948年3月朱墨印刷，一册，32开，线装。

封面书签题"三原于右任诗集"，书名页和版权页题"右任诗存"，目录页题"右任诗存初集"。书前有张治中、吴开先等"谨志"及柳亚子"题词"。

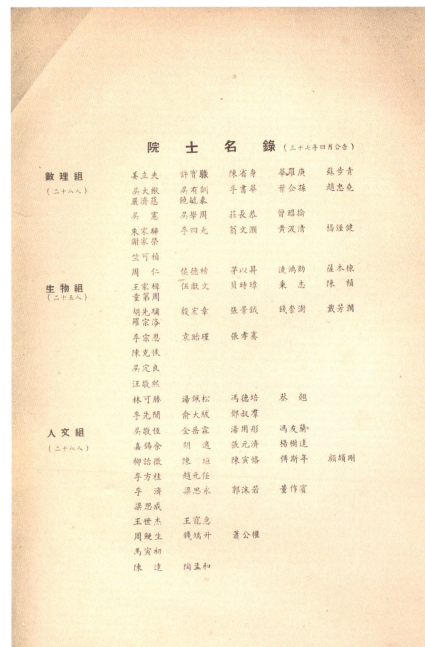

C24/11 国立中央研究院院士录（第一辑）

南京：中央研究院编印，1948年6月，165页，16开。

该书收录第一届中央研究院81位院士的个人简历及他们的论著目录。

57483 江都邵氏所藏金石拓片

十六册，拓本。

藏者邵则吴，号秋庵、江苏江都人。本书为邵氏在民国期间所收藏的拓片的汇集，其中有晚清著名藏家陈介祺、民国著名藏家秦曼卿之藏品。

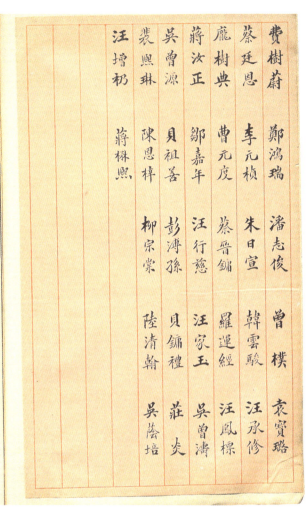

120043 韩紫石朋僚手札

稿本，二册，线装。

韩紫石（1857—1942），名国钧，江苏海安人。光绪举人。曾任清吉林省民政使、民国江苏省长。该函札（据江苏省档案馆藏统计，共计57册、3600余件）2003年入选"第二批中国档案文献遗产名录"。

二、中文期刊

　　本馆收藏民国中文期刊近万种，兹选取60种，依清末期刊，革命期刊，公报，画报，外国期刊，时政综合期刊和文艺学术期刊之序排列。其中，公报尤为本馆之特色，不下400种，从中央到省市县覆盖面极广，多珍稀之藏；画报在200种以上，观赏性和收藏性并具；线装本多、机构遗藏多，存藏比较完整，是为本馆期刊之特色。

1. 清末期刊

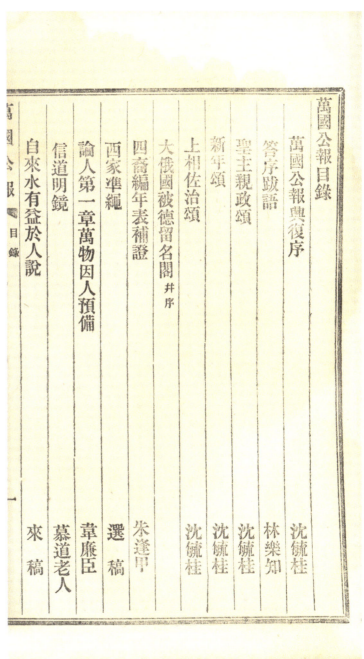

公289 万国公报（月刊）

　　上海墨海书局出版，线装。16开。前身为美国基督教传教士林乐知等清同治七年七月十九日（1868年9月5日）在上海创刊的"教会新报"（周刊），1874年9月改名"万国公报"，成为以报道时事新闻为主的综合性刊物。1883年停刊，1889年2月复刊，改为月刊，成为广学会机关报。内容多载时事论文、政治法令和宗教文化。1908年1月终刊。本馆藏起讫1889年2月—1906年2月。

8331 无锡白话报（五日刊）

　　无锡白话报社，清光绪二十四年闰三月廿一日（1898年5月11日）创刊，木活字。16开。裘廷梁、裘毓芳主编。以提倡白话、概览中西、广开民智为宗旨，设中外纪闻、无锡新闻、海外奇闻、治国要务等栏目，支持变法维新，扶翼孔教。自第5期起改名"中国官音白话报"，1898年10月终刊，共出24期。本馆藏起讫1898年5—10月。

中外紀聞

變法取士

錫麓榮備演

近來中國　皇上漸漸覺得八股出身的舉人進士　都是沒有
實用的　現在時勢艱難　民窮財盡　沒有一年不受外國的
欺侮　若要靠這些做八股人　替國家出力　真是休想　若
決計廢了這八股　另考別種　又恐天下的讀書人　一時也
改變不及　因此和宰相大員　商議多時　想出一個極好的
法子　在考試八股外　另開一科　名叫經濟科　本年正月
初七日　已下了一道　聖旨　曉諭天下的讀書人　凡有志
向上的　各自趁早學習起來　這個經濟科　又分兩種　一
種是不論時候　或十年一次　或廿年一次　考試的人　只
要有一種專門的本領　無論已做官不做官的　如有京內一
二三品大員　外省督撫學三㸱保舉　人數滿了一百　皇上
就定了日子　在保和殿考起來　考的題目　無非是天算地

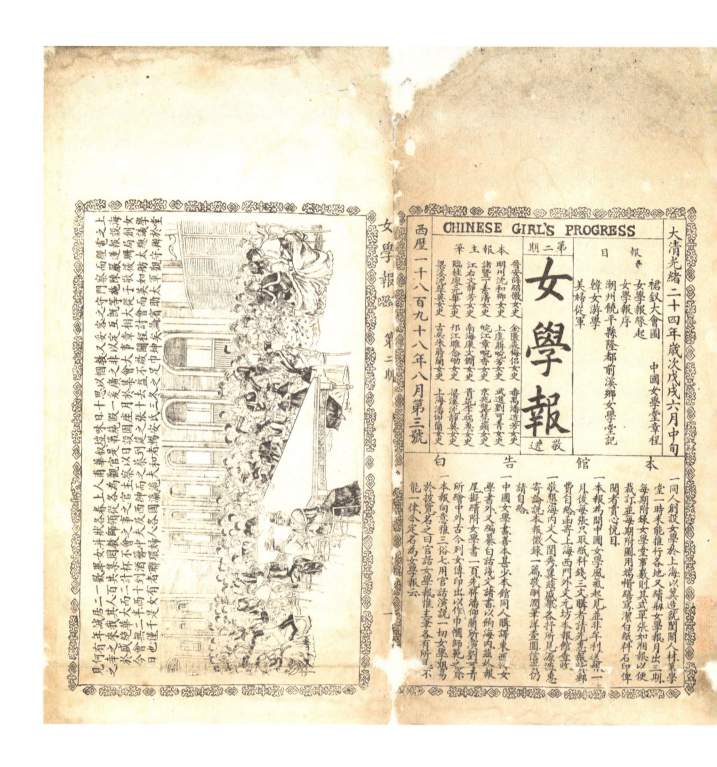

8467 女学报（旬刊）

　　清光绪二十四年六月初六（1898年7月24日）在上海创刊，石印，开本63×56.2cm。上海：中国女学会主办，康同薇、李蕙仙等主笔。设有新闻、论说、征文、告白、插图等栏目，以宣传变法维新、提倡女学、争取女权为宗旨。本馆藏1898年8月第2、3期。

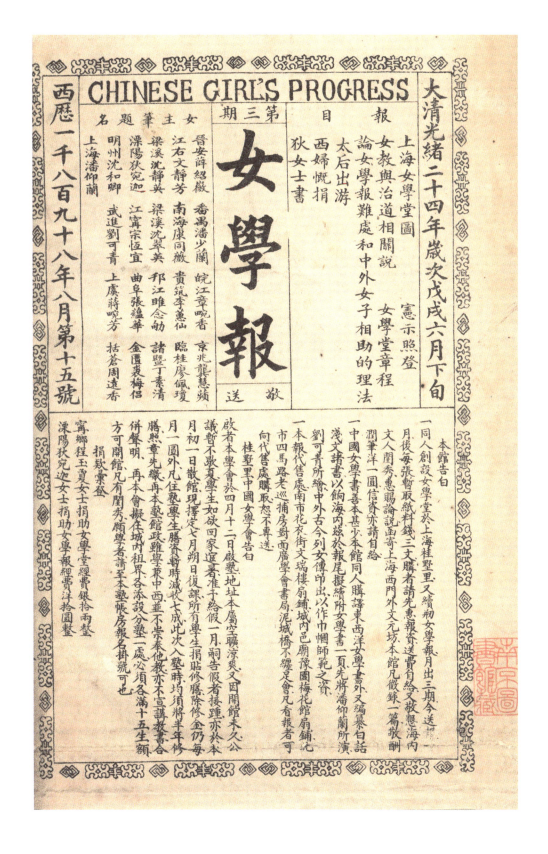

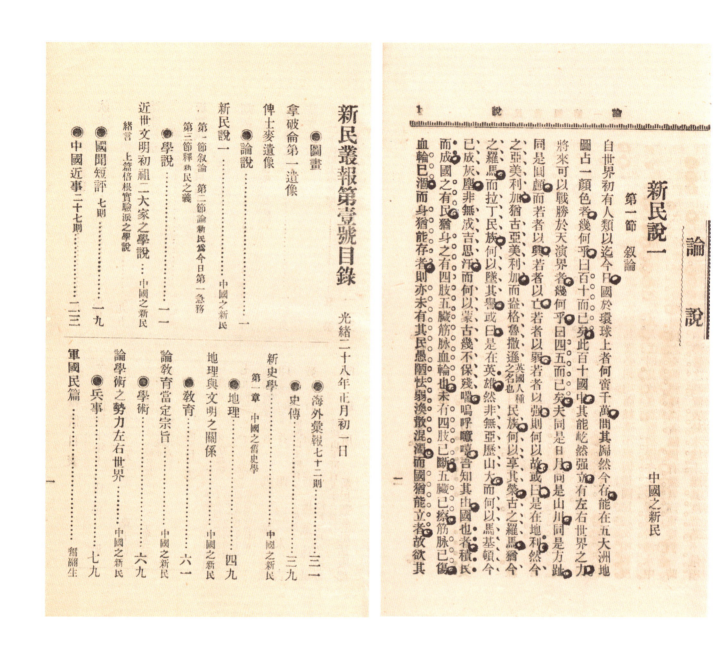

5971　新民丛报（半月刊）

　　日本横滨新民丛报社，清光绪二十八年正月初一（1902年2月8日）创刊，32开。梁启超、蒋观云先后主编，资产阶级改良派大型综合型刊物、保皇会的主要喉舌。以"维新吾民"、"养国家思想"、"导中国进步"为宗旨，设图画、论说、学说、政治、史传、地理、教育、学术、兵事、杂组、文苑等栏目。1907年11月停刊，共出96期。本馆藏仅缺第79、83、84三期。

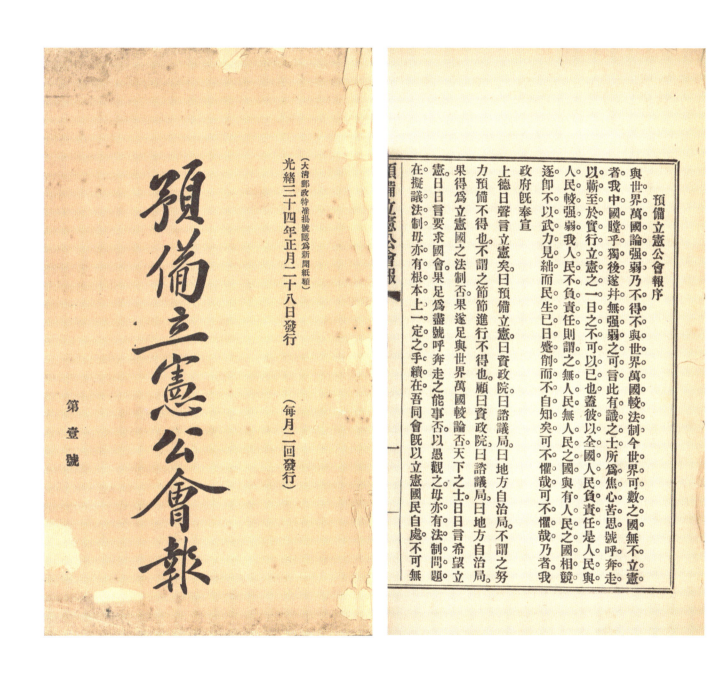

6376 预备立宪公会报（半月刊）

　　清光绪三十四年正月二十八日（1908年2月29日）在上海创刊，铅印线装。16开。孟昭常主编。著名立宪团体"预备立宪公会"的言论机关，以研究君主立宪理论、构设立宪方案为宗旨，初设撰述、辑译、记录三栏，后改法令、文牍、言论、译述四门。1910年1月停刊，共出46期。本馆藏起讫1908年2月—1910年1月。

2. 革命期刊

革2967及革233 青年杂志（月刊）

　　1915年9月在上海创刊，16开。陈独秀主编。自1916年9月第2卷第1期起改名"新青年"，刊期后改为季刊、不定期，出版地先后迁北京、上海、广州，1926年7月停刊。该刊初期倡言科学与民主，1917年10月后开始宣传马克思主义，1920年8月改为中共上海发起组刊物，1926年后成为中共中央机关刊物。本馆藏起讫1915年9月—1924年12月。

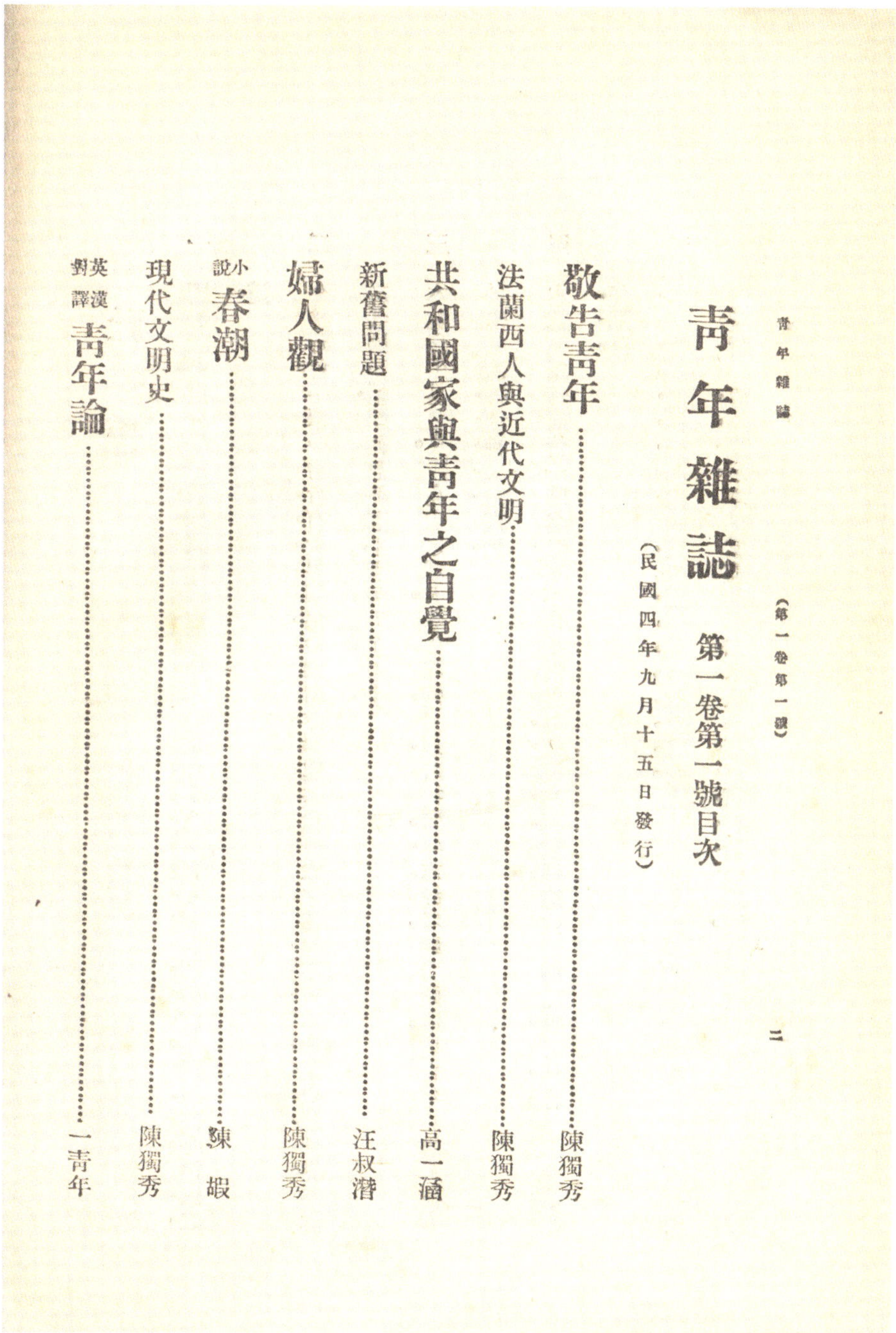

青年雜誌

青年雜誌 第一卷第一號目次

（民國四年九月十五日發行）

二

革181 语丝（周刊）

　　鲁迅等编，1924年11月在北京创刊，小16开。先后由北京大学新潮社（北新书局）、上海语丝社编印，1930年3月终刊，共出265期。所载文章以杂文和短论为主，文风幽默、泼辣，被称为"语丝体"，对后来杂文、散文的发展有重要影响。本馆藏起讫1924年11月—1930年3月。

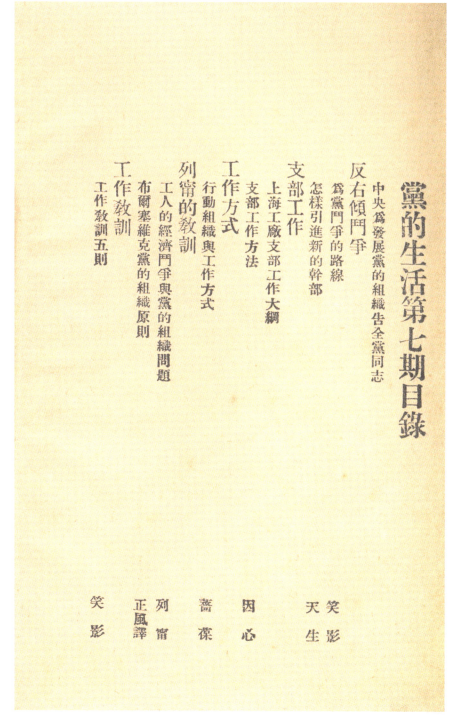

黨的生活第七期目錄

中央爲發展黨的組織告全黨同志　　天生

反右傾鬥爭
爲黨鬥爭的路線　　笑影

怎樣引進新的幹部　　因心

支部工作
上海工廠支部工作大綱　　薔薇
支部工作方法

工作方式
行動組織與工作方式　　列甯

列甯的教訓
工人的經濟鬥爭與黨的組織問題　　正風譯
布爾塞維克黨的組織原則

工作教訓
工作教訓五則　　笑影

革205　党的生活（半月刊）

　　是中共中央编辑的秘密刊物，伪装为"前期小学国语读本"，1929年1月1日在上海创刊，上海：世界书局出版。32开。内设反右倾斗争、党员与党、党与群众、支部工作、工作教训、红军中党的生活等栏目，撰稿人有向忠发、周恩来、邓颖超、彭湃、余泽鸿等。本馆藏第6、7、8期（出版时间为1930年4—5月）。

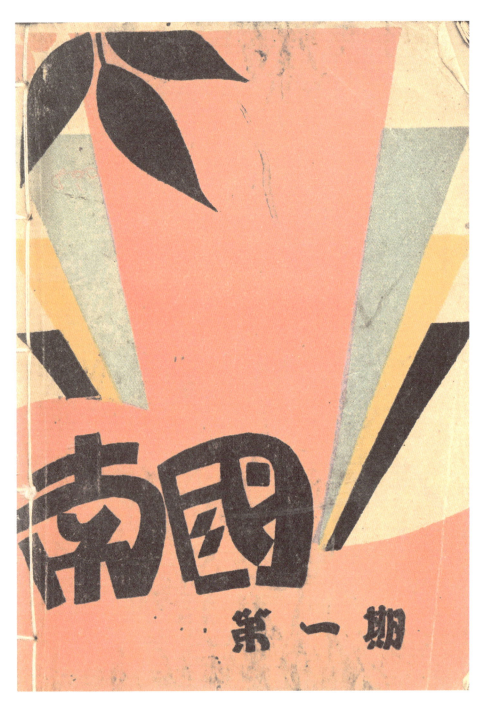

革183 南国（月刊）

　　由著名左翼戏剧文学艺术团体南国社主办，田汉主编，上海：现代书局出版，32开。1929年5月创刊，1930年7月终刊。该刊发表了大量剧本，提出了许多理论主张，对当时进步话剧艺术的发展起了重要推动作用。本馆藏起讫1929年5月—1930年7月，其中第一期为线装。

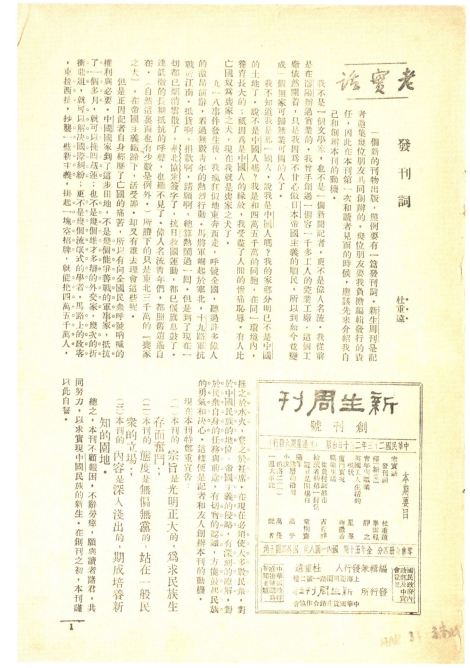

革236 新生（周刊）

杜重远编，上海：新生周刊社出版，1934年2月创刊。16开。综合性时事刊物。设老实话、街头讲话、读者信箱等专栏，揭露日本侵华，主张抗日救亡，要求民主自由。1935年5月刊发《闲话皇帝》一文，引起日本方面抗议，1935年6月被迫停刊，共出72期。本馆收藏完整。

119　　　　　　　　　　　　　第 二 卷 第八 期　　　抗戰文藝

革132 抗战文艺（周刊）

重庆：中华全国文艺界抗敌协会抗战文艺编辑委员会编，1938年5月在汉口创刊，16开。为三日刊，1938年10月迁重庆，改为周刊，后又改为半月刊、月刊，1946年5月终刊。该刊倡导文艺为抗战服务，主要刊载反映抗战的报告文学、前线通讯、小说、诗歌、杂文、木刻、漫画等作品。本馆藏起讫1938年5月—1945年5月。

射擊手

魏伯　碧野

太行山嶺長又長，
靄里去，
霧里藏……

一

像一匹原始的龐大無匹的但沒多大用處的野獸一樣，太行山無聲無嗅地騎在河南山西的邊界上，靜靜地瞰着。

伴着山腳下的沃野，寂寞地度過了許多年代。一層山體挨着一層山體，山峯上白雲像上了年紀的老人一樣一步步地向四面漂寂。連祥是太少了，俯大一個山坡有時只生着幾燕綠得發黑的柏樹，但山上在春天有紅日黃色的秋鷗下一剛漸像白色的寶石一樣在山坡上蠕動閃亮的是成千成萬的白羊，多天風野牛一樣吼走，垂天而下，飄散在山前又飄散在山後……

太行山有墨汁一般畫成光滑的牲畜，有各種奇奇怪怪的藥材，有生長在河畔的結實的麥子，有銅礦，有黑炭，有樸實耐勞在風霜里生活着的善良的農民，正如太行山脈一樣，牠的寶藏也

二

往往如一個在愛情中被人遺棄的婦人一樣低地吐露着閨恨着。

如果來自遠方的異地的人問：「山里怎麼樣？」

「山里？……沒有什麼」附近的人會慈外地這樣回答他。他有時候也許遠想：如果山陵做平原，那無隱的可掘種可以耕種的平原，結滿結實，紫紅可發昆的高粱，那黑色的油一樣的土壤……

但太行山也有了罰罵的日子，那是在敵人卑污的血腥的鐵蹄踏上了北中國，人們在磨刀上姑起來的時候。遮起一個出色的游擊隊隱藏地，一個母親保護着一支支游擊的隊伍。太行山不斷地開親着一朵朵光榮的血花。富人信一想起他的時候，便彷彿看見一串爱亮的憶得爱傲的賞右，他泉鄉一樣筑遼地跳着有點涼。在花冷去山越遠便慢慢跟剔着的城剛閃有力的鐵翼，繞着山尖腰平靜地飛着。

北山頭上一個石頭，山是二十多丈高的懸壁，沒有人能像上去，但懸岩家社七十多歲的老頭子說，廟里有一座石廳的山神廟。山腳下有一棵羊不死不活的老槐樹，靠着樹行着家窩火頭往北擊隊佈置了一個哨崗，哨音一嚮來回走動，高興時便唱幾句歌或是暗幾句河北的棵子，再不就掏出烟斗來。

黎明，羊乳色的。剛一人夏的山中在旱晨還微微有黠涼。一往北看去山嵐遠便懸懸模糊，幾幾朵鹽沉着的城閃開有力的鐵翼，繞着山尖腰平靜地飛着。

狗的狀孝刷下坡這完夏可叼狡，只是農一福呂色另

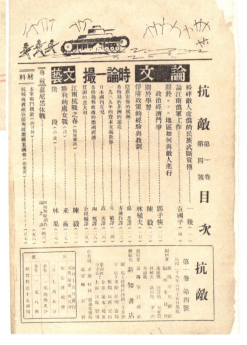

革130及革277 抗敌（月刊）

安徽泾县：新四军政治部主办，薛暮桥、夏征农、李一氓等编辑，1939年2月15日创刊，新四军抗敌社发行，16开。主要刊载中共中央和新四军负责人的报告、论著，新四军的军政建设和作战经验，政论，调查报告，译文和文艺作品。本馆藏起讫1939年2—6月及1940年2—12月；另藏1942年10月"抗敌特辑"（总第33期），新四军一师兼苏中区政治部编。

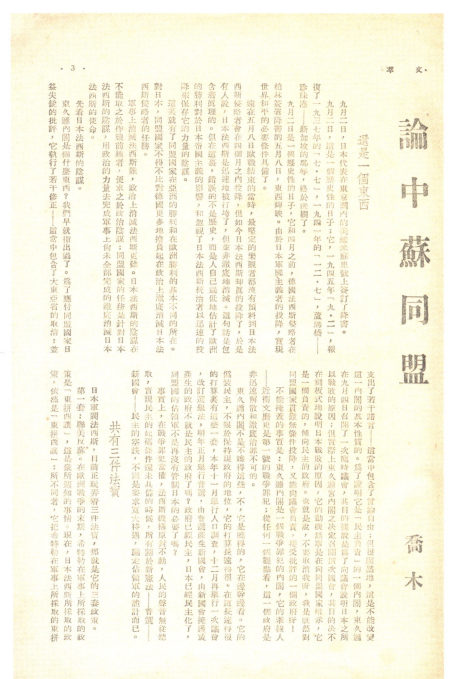

革0564 文萃（周刊）

上海文萃社编印，1945年10月创刊，初16开，后改32开。1946年5月改版，由文摘改为自行组稿。刊载重要政治文献，反映民主舆论，报道民主运动，宣传中共政策与主张。自1947年4月起先后易名"文萃丛刊"、"文萃出版社丛书"、"华萃（出版社）丛书"，社址伪托"香港"，1947年7月被查封停刊。本馆藏基本完整。

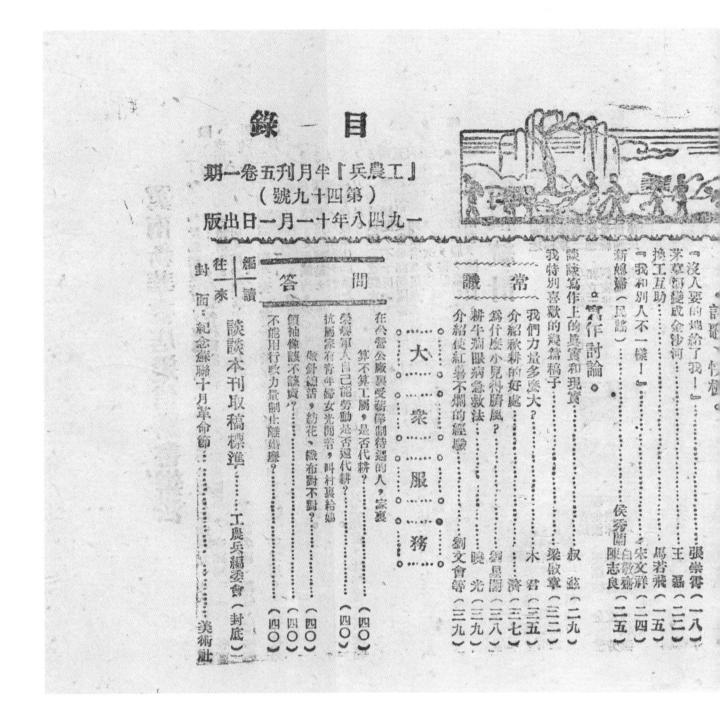

革005 工农兵（半月刊）

　　河北威县：冀南工农兵编委会编，太岳新华书店发行，1945年3月创刊，32开。设故事·通讯、诗歌·快板、常识、问答等栏目，1949年6月终刊。本馆藏起讫1946年4月—1949年6月。

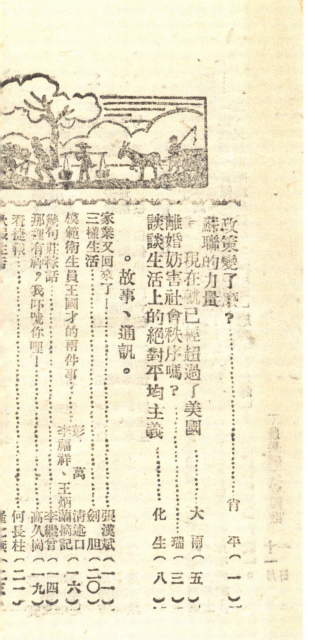

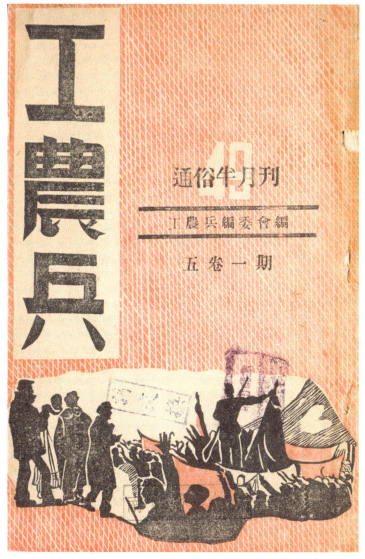

工農兵

通俗半月刊 40

工農兵編委會編

五卷一期

革 未编 人民画报（五日刊）

　　苏北扬州行政区（华中二分区）人民画报社编印，16开。1945年11月苏皖边区政府成立后，苏中第一行政区改称苏皖边区第二行政区，党组织称中共华中二地委，军事上称华中军区第二军分区，简称"华中二分区"，1949年5月又改称扬州行政区。主要反映华中解放区政治、军事、经济等各方面状况，宣传中共路线、方针和政策。本馆藏第24期（1947年12月10日）至第130期（1949年7月20日）。

3. 公报

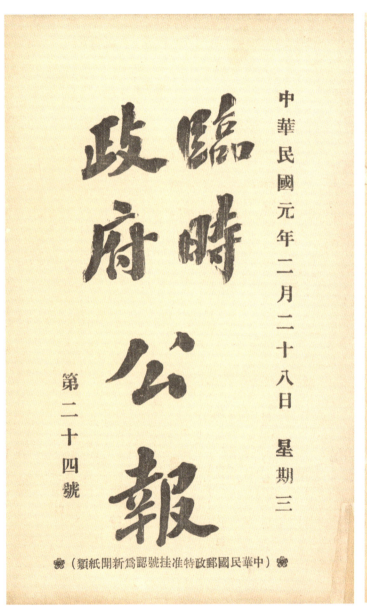

公352 临时政府公报（日刊）

　　孙中山领导的南京临时政府机关刊物。1912年1月29日发刊，临时政府公报局主编，16开。"以宣布法令、发表中央及各地政事为主旨"，内容包括法制、咨、令示、纪事、抄译外报、杂报等门类，4月5日出第58期后停刊。本馆藏起讫1912年2—4月，共33期。

公378 常熟公报（周刊）

常熟县政府编，1912年8月创刊。32开。发刊词称是刊"为本县宣布政治之机关"，设文牍、议案、记录等栏目。本馆藏起讫1912年8月—1914年7月。

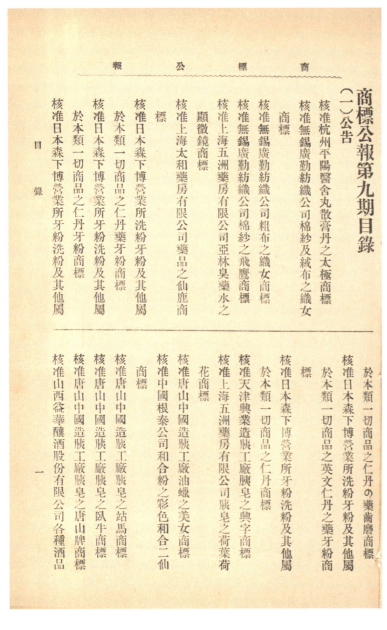

公211、213 商标公报（月刊）

　　1923年9月在北京创刊，北京政府农商部商标局编印，16
开。商标局后先后改属实业部、经济部、工商部；北京政府
后，南京国民政府续出，出版地先后迁上海、重庆、南京，刊
期后改为半月刊。设公文、公告、公示通告等栏，保存了大量
的民国时期商标图记。本馆藏起讫1923年9月—1927年12月、
1936年8月—1948年6月，其中北京政府时期为线装。

公225 国民政府公报（日刊）

　　（南京）国民政府文官处印铸局编印，16开。原为旬刊，1925年在广州出版；1927年迁南京，改三日刊，后改日刊，1932年2月迁洛阳，抗战爆发后迁重庆；1948年5月后改名"总统府公报"。主要刊载国民政府之宣言、法规、训令、通电等。本馆藏起讫1927年5月—1948年5月。

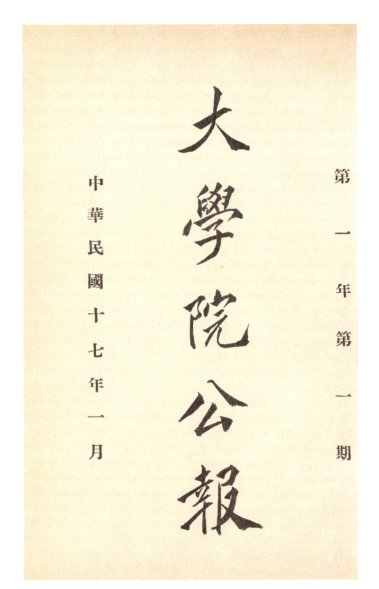

大學院公報

第一年第一期

中華民國十七年一月

發刊詞

蔡元培

民國紀元以前，管理學術及教育之機關曰學部；民國元年改爲教育部，依教育一辭之廣義，亦可以包學術也。顧十餘年來，教育部處北京腐敗空氣之中，受其他各部之薰染；長部者又時有不知學術教育爲何物，而專騖營私植黨之人；聲應氣求，積漸腐化；遂使教育部名詞與腐敗官僚亦爲密切之聯想。此國民政府所以舍教育部之名而以大學院名管理學術及教育之機關也。

大學院成立以來，所努力進行者凡三：

一曰實行科學的研究與普及科學的方法：我族哲學思想，良不後人，而對於科學，則不能不自認爲落伍者。雖曾自誇爲羅盤，火藥：印刷術等之創造者，然而今日西洋人所用之羅盤，其複雜爲何如？彼等所流行之印刷術，其敏捷爲何如？其他可由此類推。且不但物質科學而已，卽精神科學如心理學美學等，所用之彈藥，其猛烈爲何如？彼等所用之彈藥，其猛烈爲何如？在西人已全用科學的方法，而我族則猶固於內省及懸想之社會科學如社會學經濟學等，在西人已全用科學的方法，而我族則猶固於內省及懸想之舊習：科學幼稚，無可諱言。近雖專研科學者與日俱增，而科學的方法，尚未爲多數人

發刊詞

一二

公006 大学院公报（月刊）

上海：大学院公报课编辑，蔡元培题签。1928年1月创刊，16开。大学院是南京国民政府初期仿法国教育制度而设立的最高学术教育行政机关，其存在时间为1927年6月至1928年12月。第9期后改出"教育部公报"。本馆藏全9期，其中前8期为线装。

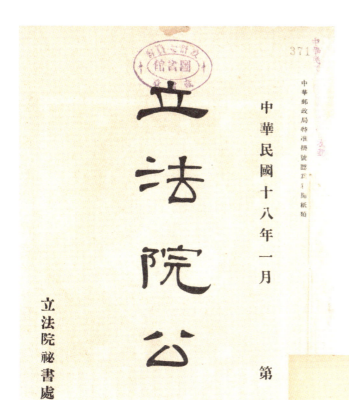

公043 立法院公报（月刊）

立法院秘书处编，胡汉民题签。16开，线装。1929年1月在南京创刊，七七事变后迁重庆，1944年2月终刊，共出130期。设议事录、审查报告、法规、命令等栏。本馆藏仅缺第85、88、91—94、130期。

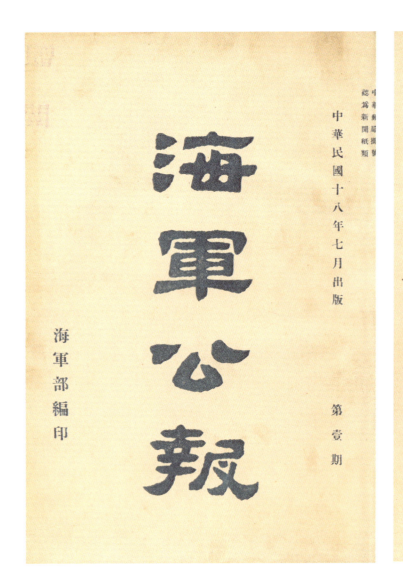

中華郵局掛號認爲新聞紙類

中華民國十八年七月出版

第壹期

海軍公報

海軍部編印

海軍公報發刊辭

楊樹莊

海軍外固國防內維公安關係綦鉅凡百措施均爲國人所注意是以歐美各國關於海軍事項各有專刊蓋欲使愛國八士咸瞭然於海軍興革之惰況匯特爲海界軍人發也我國海軍成立垂六十餘稔所編海軍法規海軍大事記等牢率就已成立之法制或過去之事實而言即近日海軍編譯處所著之海軍期刊亦但注重海軍應用之各種科學及各國海軍戰術變遷之歷史而於本軍現在之工作實况及一切整理規盡之進行紀述多徒簡略故欲就目下海軍行政狀况分門別類詳細登載以供國人之考鏡非刊行公報不爲功現值訓政時期各機關政治上實施工作應隨時報告一案中央會議業已公決本軍實施工作惰形若何自宜明白宣布以爲成績之表徵公報既爲報告政治工作起見本軍實況近已開始刊行竊以爲海軍事業在國際上實占重要地位國力之强弱胥視海軍之優劣爲衡海軍建設載在定編纂辦法斌期壽辦第一期公報以此事爲當務爱集部中同人議

1

公198 海军公报（月刊）

南京：海军部公报室编。1929年7月创刊，16开。1929年6月国民政府军政部海军署改组为海军部，直隶行政院，1938年1月海军部裁撤，其经管事务改由海军总司令部办理。设插图、法规、命令（国民政府令、行政院令、部令）、调查、附录等栏。本馆藏起讫1929年7月—1937年6月。

公011 上海公共租界工部局公报（周刊）

上海：公共租界工部局编。1930年创刊，16开。工部局为英美等国在中国租界设立的市政机关、拥有军队、警察、监狱、法庭等专政工具，并有征税、审判、管理市政设施、教育卫生等各项权力。该刊每年为一期（即卷），每期分特载、布告、专刊等，每周出版一册。本馆藏起讫1933年3月—1943年5月。

點商定。並以為當可避得本局及中國政府之核准。最後并能獲得納稅人及一般民眾之贊同。乃其時之中日情勢。又有變化。玖使業已大見困難與複雜之問題。益增糾紛。

日本當道表示。考量至所應予考量之限度。暫行停頓。加以解釋。

某某數點。

商洽。

(三)持區法院。一九三〇年二月十七日所訂之持區法院協定。按照其中所載條欵。倘非經雙方同意展期。當於一九三三年三月三十一日期滿。因此上屆董事舉行年會之時。本局對於此種多延時日之商洽。仍望能獲得圓滿結果。示一種願望。謂新任董事或能成就一種確定辦法。俾關於各該法院之協定。能更見滿意。

不幸此種願望不能實現。而於本年二月八日。經雙方同意。將原訂協定展期三年。

在將原訂協定展期之換文中。中國政府曾聲明。正在籌擬辦法。

使民事案件。尤其為上訴及執行判決事件。不致無謂遷延。似此則將來當能獲得多少滿意。所望所經籌擬之計畫。得以實現。本局亦曾盡量協助。但除電話公司之商洽。

訂立一種更為圓滿協定之願望。又經無期延展。此固不免令人失望。但鄙人以為。就現有之政治及其他情勢而論。當可信列強代表之已盡其力之所能。

(四)各項公用事業。關於各公用公司擴充服務至界外馬路區域。業於去年全年。與本埠之中國當道訂立一種暫行辦法。其餘各公司。電話公司與中國當道所訂協定。業於

今晨簽字。該公司進行商洽時所牽涉各項問題之詳細情形。業於年報內充分分列布。

在現有情況之下。欲商洽關於界外馬路區域之事宜。固有多種之困難。但就自來水公司而論。除此項困難外。又因欲在公共租界內普偏裝置水表。遭受劇烈之反對。

普偏裝置水表之辦法。業已引起若干問題。所應詳細解釋。以其性質之過於錯綜複雜。殊非在此有限時間之內。所能詳細解釋。此項問題。以及關於一般公用事業之多數問題。概在年報內詳細刊布。敬請諸君注意。并特別注重其中所載。與電力公司所訂更變交付收買電氣處代價之抵押品辦法。

(五)教育。前任總董曾向諸君報告。謂本局已撥銀十五萬兩。專備補助非本局所設之應予補助各學校。此歇業經分配。以百分之五十五補助華人學校。以百分之四十五補助外僑學校。

有新設之華童小學二所。正在建造中。亦經設立。該兩校現已建造完竣。並已開學。尚有第三「所華童小學」。

前任總董又言。依照漢璧禮基金保管委員會規則而設立之外僑學校寄宿舍。業於一九三二年間竣工開辦。一所。

一九三三年華人教育費之經常支出。此為在公共租界歷史上之第一次。兩者相比。一約為百分之五十一。約為百分之四十九。

一九三三年之教育費支出。約比一九三一年或一九三二年增多一成。所增之數。未嘗忽視。本年之建築計畫。包括建造外僑學校兩所在內。

重之利益。

一為男學。設在地豐路。一為女學。設在老靶子路。至於華童小學。本年擬不增設。唯本局將在新嘉坡路建造新屋。以充現有華人女子中學之校舍。

『將來是吾應將市政收入指定一部份。專為教育費之用。應慎重考量』。

目下之教育費支出。約佔本局收入百分之十。前任總董曾言。

(六)賬目。本局一九三二年度之賬目。連同財務處處長之報告。

早經送致諸君核閱。鄙人茲僅須將是年度之財政情形。撮要叙述。

經常費實在入萬五萬三千四百八十兩。按照預算。則可盈餘

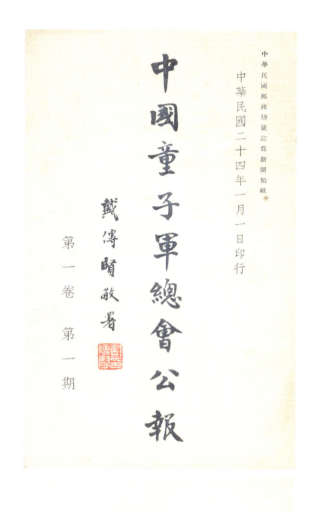

中國童子軍總會公報

戴傳賢敬署

中華民國二十四年一月一日印行

中華民國郵政掛號認爲新聞紙類

第一卷 第一期

中國童子軍以發展兒童作事能
力養成良好習慣使其人格高尚
常識豐富體魄健全成爲智仁勇
兼備之青年以建設三民主義之
國家而臻世界於大同

戴傳賢

公033 中国童子军总会公报（半月刊）

南京：中国童子军总该会编，戴季陶题签。1935年1月创刊，至1947年12月终刊。16开。童子军是近代兴起的对儿童进行社会军事教育的组织。中国童子军总会1933年11月在上海成立，蒋介石任会长，戴季陶任副会长，倡导"仁智勇"和"忠孝仁爱信义和平"等思想。本馆藏起讫1935年1月—1947年12月。

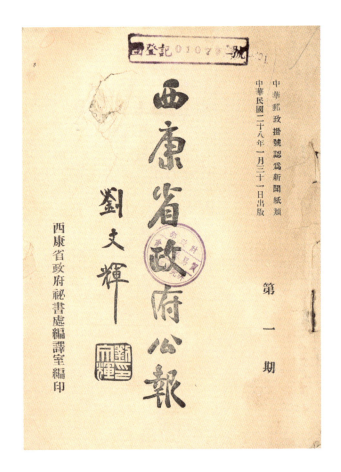

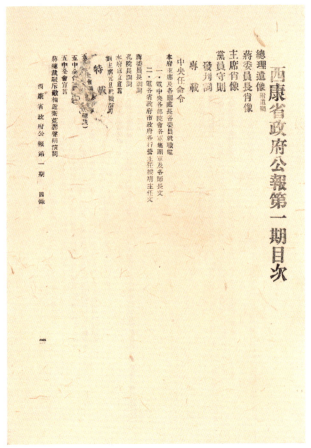

公130　西康省政府公报（月刊）

　　康定：西康省政府秘书处编，刘文辉题签。1939年1月创刊，16开。西康旧称"川边"，辖今四川西部雅安、西昌和西藏东部昌都等地区。该刊初为旬刊，后改月刊，1948年4月终刊。本馆藏起讫1939年1月—1948年3月。

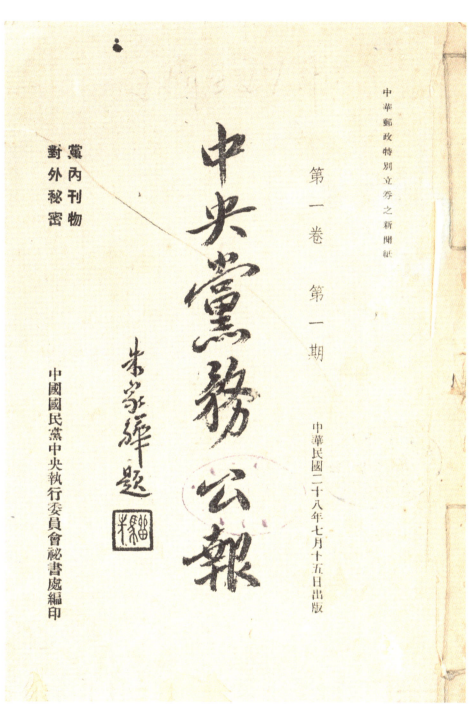

中華郵政特別立券之新聞紙

第一卷 第一期　中華民國二十八年七月十五日出版

黨內刊物
對外秘密

中央黨務公報

朱家驊題

中國國民黨中央執行委員會祕書處編印

公036 中央党务公报（周刊）

中国国民党中央执行委员会秘书处编辑，朱家骅题签，封面印有"党内刊物，对外秘密"字样。1939年7月创刊，16开，线装。设特载、通令通告、会议录、工作报导、法规、统计调查等栏。本馆藏起讫1939年7月—1948年3月。

公182 （伪满洲国）政府公报（日刊）

新京（长春）：伪满洲国政府编印，16开。用中、日两种文字及"康德"年号，刊载敕令、军令、预算等各类公文。本馆藏起讫1939年10月—1945年2月。

第三編郵便電信認可

第一章 總則
第二章 收受
第三章 起案
第四章 供覽及裁決
第五章 發送
第六章 編纂及保存

第一章 總則

第一條 交通部之文書（包含電報）除有特別規定者外應照本規程辦理之但過緊急無暇依照本規程時得取權宜之措置事後仍應補行本規程規定之手續

第二條 文書之收受、發送、編纂及保存除有特定者外應由官房文書科辦理之

第三條 各科長為辦理屬於其主管之文書須置文書主任
文書主任之指定或變更時應即通報文書科長
文書主任應常將所管文書之處理狀況及文書之所在明瞭整理之

第四條 文書之辦理以正確迅速為要旨且理人員須於文書簽名或蓋章以明責任
蓋章應用日戳

第五條 重要之交涉照覆應以文書辦理雖經口頭商定者亦須即部作成書面補行本規程所定之手續但部內各司科間之屬於輕微事項不在此限

第六條 文書之繕寫須用長期間不消減之墨、墨水等或印刷之

第七條 文書之受投須依所定之帳簿辦理以明確其所在

第八條 文書應附記交通部文書分類表之號數（例如交官文第五號一一、一一）

第九條 文書須以卡片（第一號樣式）整理以便明其所在或索引

第十條 文書須於欄上部附註「完結」或「未完結」之記號

第十一條 文書除特別緊急者外不得用電
完結之文書須於卡片加蓋「完結」之戳記以便之整理

第十二條 電報按左開區分處理之
（一）機祕密文書以電報發者思暗號
（二）其他文書以電報發者用電報略號

第十三條 文書科長對於他科之未處文書應隨時依推問書（第二號樣式）督促
其處理或要求說明未處理之事由

第十四條 文書科長每年須施行一回文書之檢查

第十五條 文書之內容未經文書科長之許可不得使他人閱覽或謄寫或付與其抄件

政府公報 第一千六百四十五號 康德六年十月七日 星期六

一九一

第三編郵便電信認可 3

第一章 總則
第二章 收受
第三章 起案
第四章 供覽及決裁
第五章 發送
第六章 編纂及保存

第一章 總則

第一條 交通部ニ於ケル文書（電報ヲ含ム）ノ取扱ハ特ニ定メタルモノヲ除クノ外官房文書科ニ於テ之ヲ取扱フヘシ

第二條 文書ノ收受、發送、編纂及保存ハ特ニ定メタルモノヲ除クノ外官房文書科ニ於テ之ヲ取扱フヘシ

第三條 各科長ハ其ノ主管ニ屬スル文書ヲ取扱ハシムル為文書主任ヲ置クヘシ
文書主任ノ指定、變更シタルトキハ直ニ文書科長ニ通報スヘシ
文書主任ハ所管文書ノ處理狀況及文書ノ所在ヲ知リ得ル樣常ニ整理シ置クヘシ

第四條 文書ノ取扱ハ正確迅速ヲ旨トシ且文書ニハ取扱者署名又ハ捺印シテ以テ責任ノ所在ヲ明ニスヘシ
捺印ハ日附印ヲ用フヘシ

第五條 重要ナル交涉照覆ハ文書ヲ以テシ假令口頭ヲ以テ約シタルトキト雖モ直ニ文書ヲ作成シ本規程ニ定ムル手續ヲ行フヘシ但シ部內各司科間ニ於ケル輕微ナル事項ハ此ノ限ニ在ラス

第六條 文書ノ書寫ハ長期間消減セサル墨、**インク**等ヲ用ヒ又ハ印刷ニ依ルヘシ

第七條 文書ノ受授ハ所定ノ帳薄ニ依リテ之ヲ行ヒ其ノ所在ヲ明確ニ為スヘシ

第八條 文書ニハ交通部文書分類表ニ依ル整理番號ヲ附スヘシ（交官文第五號一一、一一ノ如シ）

第九條 文書ハカード（第一號樣式）ヲ以テ整理シ其ノ所在、索引ニ便スヘシ

第十條 文書ニ欄外上部ニ「完結」又ハ「未完結」ノ記號ヲ附スヘシ
完結シタル文書ニ「完結」印ヲ押捺シテ以テ整理ニ便スヘシ

第十一條 文書ハ整理ニ急ヲ要スルモノノ外電報ヲ用フルコトヲ得ス
電報ハ左ノ區分ニ依リ處理ス
（イ）機祕密文書ニシテ電信ニ依ルモノハ暗號
（ロ）其ノ他ノ文書ニシテ電信ニ依ルモノハ電信略號

第十二條 （省略）

第十三條 文書科ハ他科ニ於ケル未處理ノ文書ニ付隨時推問書（第二號樣式）ニ依リ之ヲ督促スヘシ

第十四條 文書科長ハ每年一回文書ノ檢查ヲ行フヘシ

第十五條 文書ノ內容ハ文書科長ノ許可ニ依ルニ非サレハ他人ニ閱覽又ハ謄寫セシメ

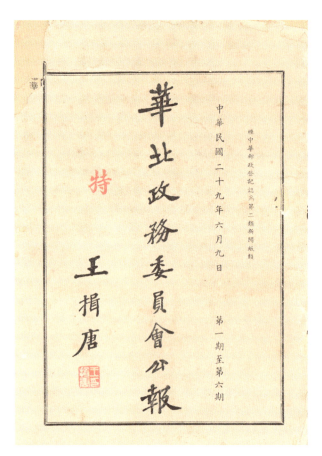

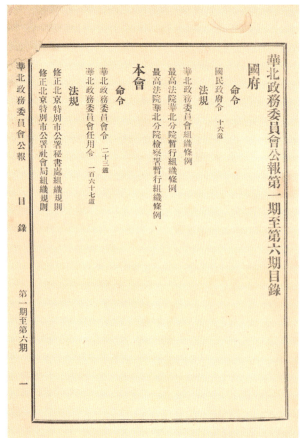

公259 （伪）华北政务委员会公报（五日刊）

（伪）华北政务委员会政务厅情报局第四科编印，王揖唐题签。1940年6月创刊，至1945年4月终刊。16开。主要刊载汪伪国民政府和该委员会的命令和法规。本馆藏起讫1940年6月—1945年4月。

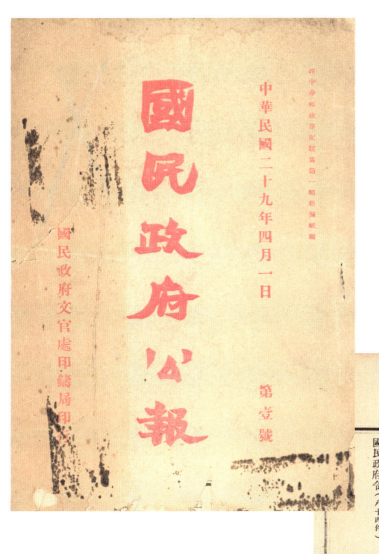

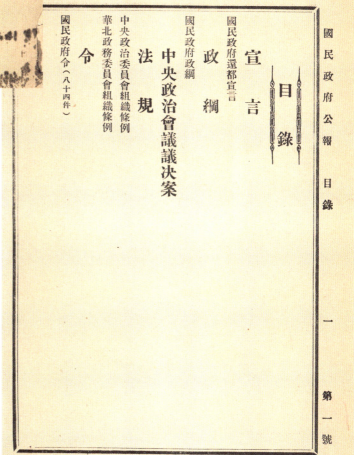

公229　（汪伪）国民政府公报（双日刊）

　　汪伪国民政府文官处编印，1940年4月创刊，1945年4月终刊。16开。刊载汪伪国民政府和伪中央政治会议公布之宣言、法规、命令、议决案等。本馆藏起讫1940年4月—1945年4月。

公227 总统府公报（日刊）

南京总统府五局编印，8开。1948年5月创刊，1949年4月终刊，先后为日刊、周刊、月刊，共出
221期。内容有特载、专载和各项法令。本馆藏起讫1948年5月—1949年1月。

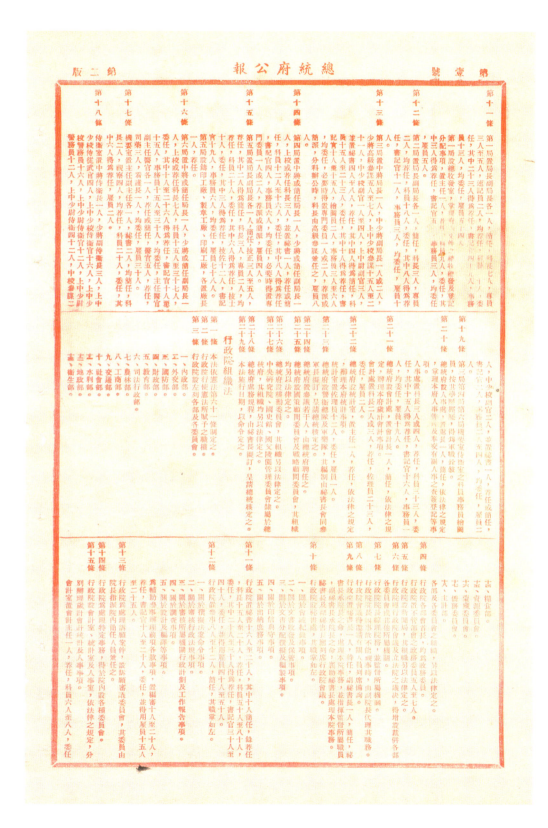

第十一條　第一局置局長副局長各一人，簡任；科長七人，專員三人至五人，其中二十八人得為薦任，書記官四十八人，委任。第一局設總收發室，置主任一人，薦任；書記官十一人，委任，其分配事項，置主任一人，薦任，書記官五人。

第十二條　第二局置局長副局長各一人，簡任；科長三人，專員二人，其中一人得為薦任，書記官十人，委任。

第十三條　第三局置局長副局長各一人，簡任；中少將副局長一人，中少將參謀五八三至七人，上中少校副官一人至四人，中少校書記官二人至五人，委任；其中十四人得為薦任，書記官十五人至二十三人，繪圖員二人，事務員三人至六人，均委任，分科辦公時，科長由高級參謀兼任之，雇員八人，技士十人，均委任。

第十四條　第四局置中將或簡任局長一人，少將或簡任副局長一人，上校或薦任科長三人，並置秘書一人，薦任或簡任，書記官四人，委任十二人至十六人，薦任或薦派或簡派，雇員六人，委任，其中六人得為薦任，技士六人為薦任，技佐六人為薦任，雇員七十二人，委任。

第十五條　第五局置局長副局長各一人，簡任；其中三人得兼任，技正三人至五人，薦任，技士十人，其中六人得為薦任，書記官十九人，事務員六人，均委任。第五局設登記印工廠，製革工廠，印刷工廠，各置廠長一人，薦任或委任。

第十六條　第六局置副局長一人，少將或簡任局長一人，上校或薦任科員七人，科員十五人至三十七人，薦任，其中十八人得為薦任，書記官二十六人，委任。機要室置主任一人，看護長一人，均簡任或薦任，醫官五人，薦任，司樂二十人，其中十五人至三十人，視察四人，均委任，雇員二十人，均委任，其

第十七條　第七局置副局長一人，上校或薦任科長一人，科員十五人至三十人，均薦任，副主任醫師各一人，薦任，醫官二人，薦任，視察四人，均薦任，雇員二十人，均委任，其中二人為薦任，其

第十八條　侍衛室置或置侍衛長三人，上中校侍從武官四人，上中少校侍從衛官十六人，薦任，侍衛官二十人，侍衛副官四人，上中少尉侍衛官十二人，中校侍衛官四人，均為薦任，中校參謀二人，上中少尉侍衛官四十二人，中校參謀二

第十九條　人，中校副官二人，並置繕書一人，薦任或簡任，專記官二人，雇員二人。第二局第四局第六局機要室之科員專務員繪圖員，其薦派者得為薦任，總統府人事處，置處長一人，簡任，掌理本府人事，並及考察有關人事，其組織另以法律定之。

第二十條　總統府設會計室，置主任一人，簡任，依法律之規定佐理官十六人，書記官二十三人，均委任。

第二十一條　總統府設統計室，置主任一人，簡任，依法律之規定。統計處參事若干人，由統計官兼任之，其編制由繕書長會同總處擬訂，呈請總統核定之。

第二十二條　總統府設國策顧問委員會及戰略顧問委員會，其委員各若干人，均另以法律定之。

第二十三條　總統府設國史館、國父陵園管理委員會隸屬於總統府，其組織另以法律定之。

第二十四條　軍長擬訂，呈請總統核定之。

第二十五條　中央研究院、國史館、國父陵園管理委員會隸屬於總統府，其組織另以法律定之。

第二十六條　辦理本府統計事項。

第二十七條　總統府設會計室。

第二十八條　本法施行之日，以命令定之。

第二十九條　人事處設處長一人，簡任。

行政院組織法

第一條　行政院依憲法第六十一條制定之。

第二條　行政院行使憲法所賦予之職權。

第三條　行政院設左列各部及各委員會。

四、蒙藏委員會。

五、僑務委員會。

六、主計部。

七、資源委員會。

行政院各部會首長，均為政務委員。

行政院不管部會之政務委員五人至七人。

第四條　一、內政部。

二、外交部。

三、國防部。

四、財政部。

五、教育部。

六、司法行政部。

七、經濟部。

八、交通部。

九、農林部。

十、社會部。

十一、水利部。

十二、地政部。

十三、衛生部。

十四、糧食部。

第五條　行政院置院長副院長各一人，秘書長一人，簡任，副秘書長一人，由院長提請總統任命，其職掌如左。

第六條　行政院會議以院長副院長各部會首長及政務委員組織之，以院長為主席。

第七條　行政院設秘書處，置秘書長一人，簡任，副秘書長一人，輔助秘書長處理本處事務。

第八條　行政院會議議決之政務及法律之議決。得增設各部各委員會。另以法律定之。

第九條　行政院設秘書處，置秘書若干人，簡任或薦任，書記官若干人，委任。

第十條　一、關於會議事項。

二、關於文書收受分配撰擬及保管事項。

三、關於文書分類及編號事項。

四、關於印信典守事項。

五、關於出納庶務事項。

第十一條　行政院設會計長一人，簡任，統計長一人，簡任，書記官三十人至四十人。

第十二條　行政院設參事十六人至二十人，其中十八人簡任，餘薦任，科員五十人至八十人，其中二十五人得為薦任，書記官三十八人至五十八人。

一、關於提撰法案命令事項。

二、關於會議議事日程事項。

三、關於撰擬各款事項。

四、關於審查事項。

五、關於設計及編譯事項。

第十三條　行政院參事處置參事十六人至二十人，委任，並得用雇員十五人。

第十四條　行政院設處理諮願案件，設訴願審議委員會，其委員由院長指派院內設各種委員會，依法律之規定，分別辦理設計會計主計人事及工作等事項。

第十五條　會計室置會計主任一人，薦任，科員六人至八人，委任。

4. 画报

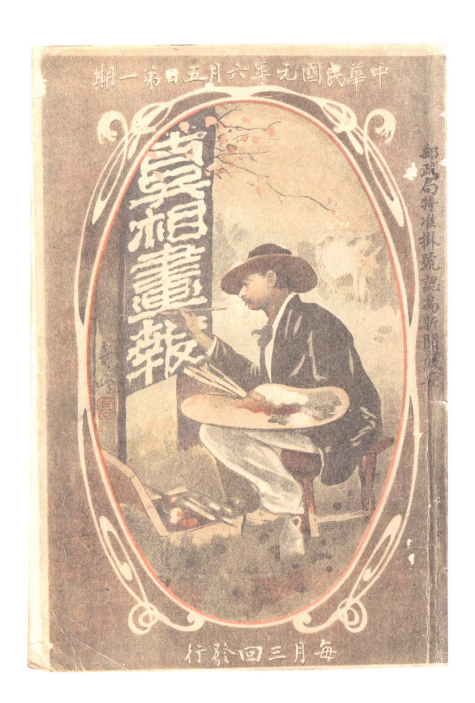

4100及GJ1734 真相画报（旬刊）

上海：真相画报社编印，高奇峰主编。1912年6月创刊，至1913年3月第17期终刊。铜锌版彩印，16开。"以监督共和政治、调查民生状态、奖进社会主义、输入世界知识为宗旨"，分文学与图画两部分，文学设论说及时评、科学、杂著三个栏目，图画设形势摄影画、国内伟人照像、美术画、滑稽画四个栏目。本馆藏仅缺第14期。

2591 良友（月刊）

    又名《良友图画杂志》或《良友画报》。上海：良友图书印刷有限公司，1926年2月创刊，1945年10月终刊，共出172期。16开。创办人兼总经理伍联德，总编辑梁得所等。主要刊载新闻摄影、图片，兼载美术作品及各类文稿。该刊制作精美，内容涉及政治、经济、文化、科学、军事等社会各方面。本馆藏起讫1926年6月—1941年3月。

第四十八期 第四十八期 26

儷影
夫婦
MARRIAGE
ITEMS

新人物，舊樣樣，孫師毅
先生及其夫人盧韻清女士

try to be old-fashioned—
Mrs. Sun S. Yee

Whispering
私語
（阮頊江攝）

並頭花
（鄭
攝）

Mate

富綱候君及其夫
人（屠哲翠攝）
Mr. and Mrs. Fu K. Ho

陳用懿先生與鄭燕邊女士新婚儷影

Mr. and Mrs. Chen Y. Cheung

王維綱君及其夫人李行希女士

靜山君與雷佩芝女士新始儷影
（石世磐攝）

rown photographer with his recent
e, Miss Lu P. Chiu

東北邊翼機翌輕再光朱沐先生與朱桂莘總長之女公子婚
行結婚禮攝影，主婚席上為張學良夫婦（東北新聞社）

ded by Marshall and Mrs. Chang Hsueh-Liang, of
Miss Mei Kwan

菲樽
（李初
珍攝）

荷埠三華校生生演中劇夫
處檢中學歌劇表之婦夫化
影攝（館美裝美）
Husband and wife—as on stage

Companions on horse-back

8404 文华（月刊）

又名《文化艺术月刊》《文华画报》。上海：好友艺术社编，文华美术图书印刷有限公司印行，1929年8月创刊，至1935年4月共出54期。16开。主要刊登美术、文学、时事政治方面的图片与文字，其中妇女生活方面的图片资料尤为丰富。本馆藏起讫1929年8月—1935年4月。

四首兒歌

馬蟻歌

張白蕉作
鐵寶良畫

青天白日滿地
紅，飄飄搖搖
照亞東。小明
友，大家來，
三鞠躬！

羊咩咩，
要吃草，
自己割。

馬蟻鍋鑊弄處有，咬草結屋滿地走。米也
好。虫也好。啣了就佳洞裏遊，讀來與我一
脊出使大家把命搭。不打牠伏不肯闖。守它洞口讀故
來。好好來去。他跑了。得勝時調日好。足起日。要
壹識馬蟻馬蟻小。一顆義氣最好。讀時脹。
朝有事來。大家都安排。千千萬萬是一氣。鍋倉也是現兄弟
朋友也是自家人。你一扛我一扛。個個愛爭生。你莫笑馬蟻小，義氣
鴉鴉朝朝打食歸。打食歸來先餵母。

老鴉歌

張白蕉作

老鴉雛鴉對我唱。老鴉娘正孝。老鴉老了不能飛。
自己不吃。個是可。母鴉徒細墜過我。小

萬花黃，
蜜蜂忙，
黃，不為蜜蜂
忙。
蜜蜂卻罵萬花
忙。

萬花弟弟一條
心，家裏灰塵
變黃金，拾到黃金
蜜待我裝。

童品

紅燈籠，綠色蓋，他去河南做買賣。
年輕，沒人間俺熱和洽。咬咬才，很恨心，愛個老
河南靜泉小學六年級學生李長倫

編者按：這兩首兒歌的年紀已經不小，編者做小孩子時（大約二十五年前）也唱過的。曾志忞是一位作曲的音樂家，清末民初之際他曾在上海游過，所首是院。曲譜大約是他老先生所作（可惜這裏沒有，而我也忘記了。）歌詞就不知也是他作的否。曾先生不知的消息久不聽見了，願小朋友壹歡這兩首兒歌而將它們介紹出來。可見它們成人他還是罕在！是深，經過數十年尚木失去它們底效力，而蜀生小朋友也是個並常見也。

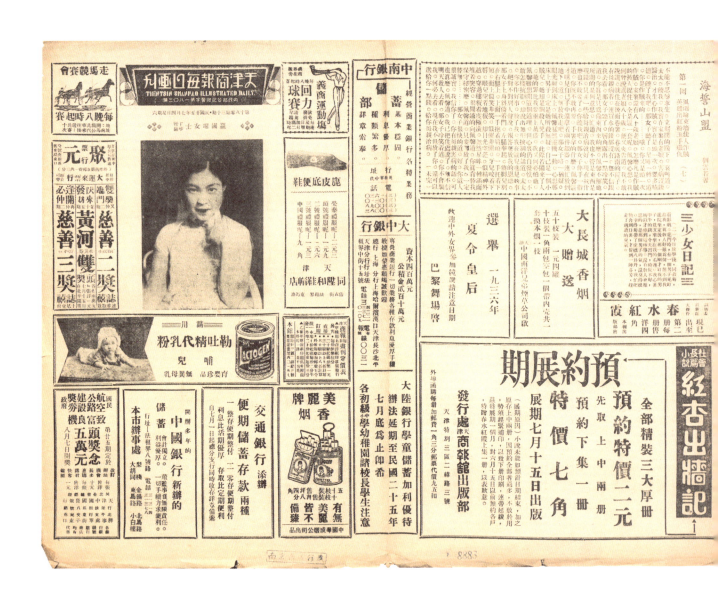

8883 天津商报画刊

初名《天津商报图画周刊》，一名《天津商报每日画刊》，天津：天津商报社编辑，1930年7月创刊，终刊时间不详。4开。主要刊登有关电影、戏剧（侧重京剧）、美术、文学以及时事新闻等方面的图画和文字。本馆藏起讫1930年7月—1936年9月。

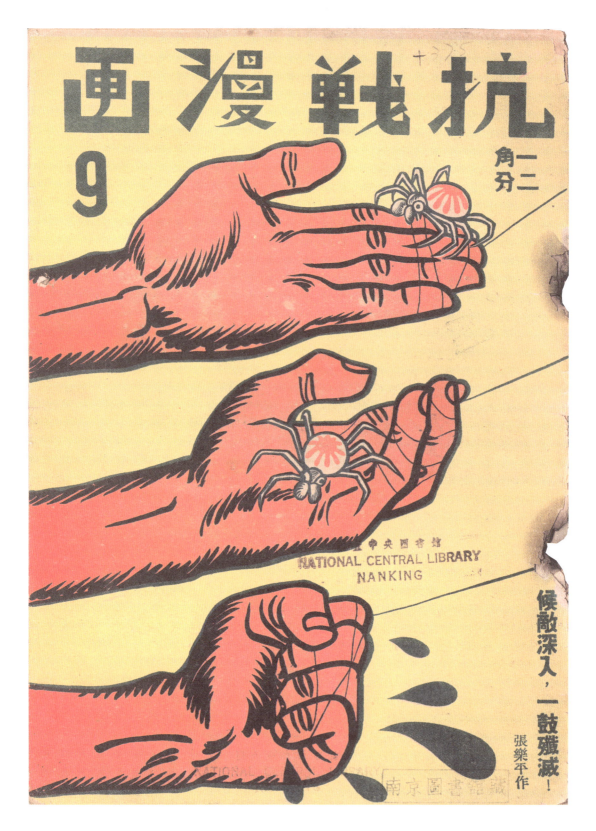

2708 抗战漫画（半月刊）

　　1938年1月在汉口创刊，全国漫画作家协会出版发行，特伟主编，叶浅予、张乐平、廖冰兄、陆志庠等主要撰稿。16开。至1938年6月出12期，后迁重庆，1940年5月和9月分别出第13、14期，1940年11月出第15期后停刊。本馆藏第9、11—13共4期，起讫1938年5月—1940年5月。

抗戰漫畫 第九號

保育我們下一代的戰士！

我們要培養起來新的戰士！

珂田作

我們兒童宣的要成為有力量未來的戰士

勿說兒童年紀小，本門門領都齊全，炮火叢中傳書信，街頭村角做宣傳。

陸志庠作
廖冰兄作

保育被血染的土地上生長的新芽，他們是下一代的戰士！

陶謀基作

編輯室談話

本刊正受到非常時期環境極度浮動，嚴苛的考驗到是本刊出版以來，工作環境常常遇到的困難。武漢重版出刊之後，困難比本刊計劃的還難。製版紙張原價較廉的發版原料如在台久不還一曾行進物心的戰，使我們的動員就入漸拼個不遠兒現走也。我們最苦運命的一絲絲微，完不到乏。

同莊同志們的大吳上！最善能在發版紙，製版進物物。

同志們的高興的佳漸刊之，這在我們的動員員了。「工作通信」和「漫畫界消息」的中，都有報告同志們的機報。

於畫筆一身，零兒漫畫是拿着的子同志，一位人亡了的途上於為緊於的家們都有報。

畫工作態度；他們畫工工作態度。

熱誠我們的至忽的，他發揮了工了。本身的檢討工作，不要忘了神的勇敢的旁務，適解抗戰的要文化外應的週圍注。動意切理，個整環境。內容向整個文化外應求作品的形態，尤應注意的正品的，確實和進步。

（淺予）

3074 亚细亚画报（月刊）

　　日本东京：亚细亚画报社，1939年1月创刊，1943年10月终刊，小8开。该画报宣扬同文同种、东亚共荣，鼓噪和美化侵略战争。本馆藏起讫1941年8月—1943年6月。

5. 外国期刊

7397 韩民月刊

韩国国民党宣传部主办，重庆：韩民月刊社编，韩国独立运动领导人金九（1876—1949）题签，日期并署大韩民国纪年和中华民国纪年。1940年3月创刊，至1941年6月出第5期。16开。该刊旨在联合中国、宣传抗战、光复祖国。创刊号有蒋介石等中国军政要人题辞。本馆藏全5期。

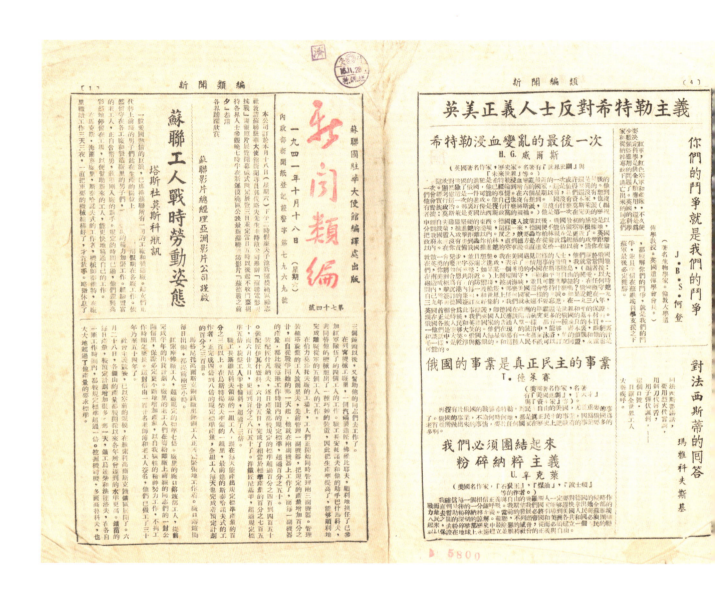

5800 新闻类编（周刊）

苏联驻华大使馆编译处编，1941年7月在重庆创刊，原为三日刊，后改为周刊，抗战胜利后迁南京出版，1949年4月停刊。初为横8开，后改16开。内容以苏德战争进程和苏联国内形势为主，兼及苏联外交和中苏关系。本馆藏起讫1941年10月—1949年4月。

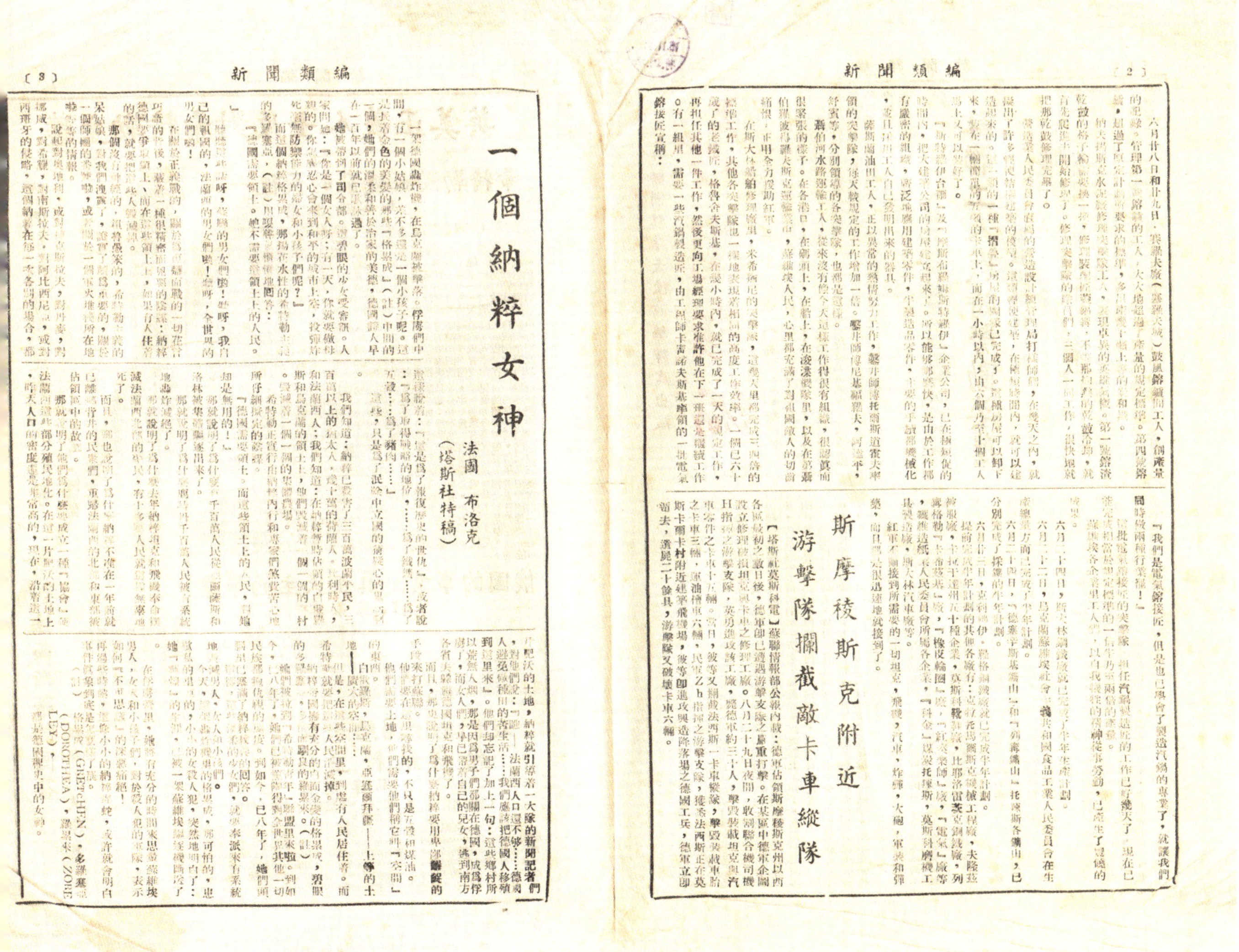

〔3〕　　新聞類編　　　　　　　　　　新聞類編　　〔2〕

一個納粹女神

法國　布洛克

（塔斯社特稿）

斯摩稜斯克附近

游擊隊攔截敵卡車縱隊

〔塔斯社莫斯科電〕蘇聯情報部公報內載：德軍佔領斯摩稜斯克州以西……游擊支隊……

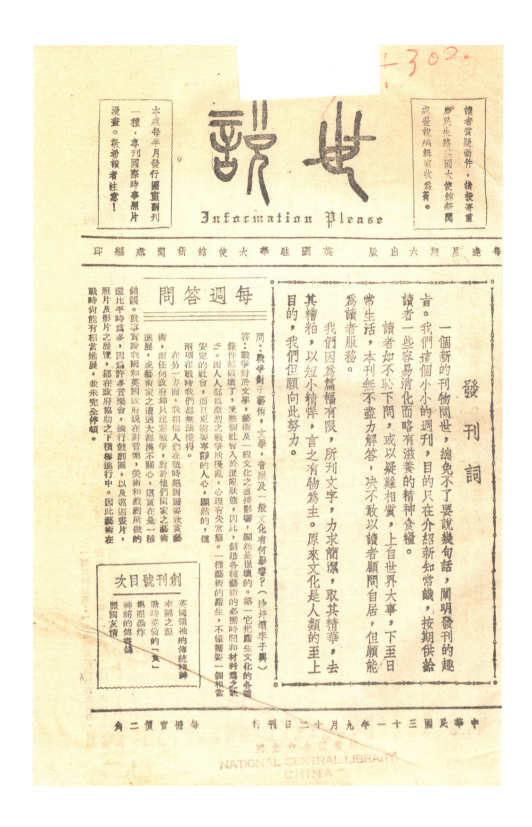

1590及1589 世说（周刊）

重庆、南京：英国驻华大使馆新闻处编印，1942年9月在重庆创刊，1947年10在南京复刊。初为16开，后改大32开。该刊以"介绍世界知识、综合中外文艺"为宗旨，主要面向青年学生。设"每周答问"等栏目，介绍国际局势，英国内外政策、民众生活等。本馆藏起讫1942年9月—1945年6月及1947年10月—1948年2月。

英國領袖的傳統精神

英國的領袖有兩種傳統，一種是平時的，另一種是戰時的。她平時的偉大領袖，大多與戰時的偉大領袖具有極不同的性格。在平時如羅柏特、瓦爾波得士、亨利、培爾漢姆、羅柏特、皮爾爵士、格萊斯頓等，及溫士頓、邱吉爾等。此外還有很多的姓名可以列入，但以上所舉，已足以表示兩種傳統的對比。德國觀和平為戰爭的插曲，所以每個國具領袖，均須俱有好戰的秉性。英國觀戰爭為和平中不受歡迎的寶照，所以好戰的秉性，只有在危急之秋才需要。英國很幸運，每逢這種時節，總有一個具有靈感和遠見的領袖出現。在需要的時候，她從來沒有過「代表人物」，或一個不中的資質與過去偉具有領人民的天才，而且具有一種英賢與恰相吻合的領袖。這些奇質是什麼，還有傳統又是什麼？

最主要的一個寶質，也許就是他們都是出類拔萃的偉大議院首腦。自他國人近看來，也許要認為的偉大地位，才能維持和平的那種勇氣與能力才進而得到一個新的地位。但在英國，任總司令，是當然的事。但在英國，數百年來，向無此例。英王永遠是國家的元首。國衞常擺在政治家，議院首腦的手中，軍人不能過問。

國家的政治與成為實力泉源的軍略之間，有顯明的界線。老克伯孟梭說：「戰爭是很嚴重的一回事，不能完全交與軍人。」一般人都認為上次大戰時德國將政治困局准軍略之下，是他們的根本錯誤之一，希特勒之所以有今日之成就，就因為他能避免此類錯誤。

英國的領袖們不僅都是議院首腦，並且也都是偉大的平民領袖。他們具有在下院應得發揮的野性，在街頭中作戰，「我們要抗戰到底，我們要在海洋上作戰，在田列顯之役，周不述一臨而增光不少……」在人類門爭之中，從來沒有這麼少的人，以這麼偉大的思想的時候，比戰慶和醫護發者們的疾呼和勝利的歡呼，更能鼓舞的一部分。

成為議院組織所不可少的領袖之另一個道要寶質，共和他具有超政黨領袖的能力。那然人在危急之秋，都能化除政見，超然黨外。為國效力。他們都能在政黨領袖的地位之上，而諸大眾的奧論。寨泰慕之所以能在十八世紀勛用網人能望的力量，就是因為他能建立一種的關係政體中國波爾革命，寨泰慕之所以能在權，若強權個人的圍體關係或煙的總證。小皮特被視為英國的第一個真的的平民首相，而且是由於人民對他任與下院大多數議員的支持，而不僅由於英王的信任的第一個真正的平民首相。勞合喬治以酚驥其是一個政黨的領袖，其後卻因為他對一九一六年戰爭中溢注了的那種勇氣與能力才進而得到一個新的地位。溫士頓、邱吉爾從未在任何政黨內有過這精神的歸宿，但在戰成為這種領袖並無秘訣，只在他能充其明識與

論，他們對人的歸句，皮特，勞合喬治，邱吉爾，都長於文學，精於辯論，寨泰慕在通告廬，他們用習力與意志，已挽殺了她自己。」皮特概迷英國在對食破嵩的戰爭中的資獻說：「英國用習力與意志，流傳萬世。」寨泰慕在通告廬，皮特，勞合喬治的日子，我是統于院開始的。寨泰慕伯們鼓允榮的句子，都是統于院開始的。寨泰慕

「如果我們能維醒百年來用勇武堅毅的精神所贏得的偉大地位，才能維持和平的話……我要鄭重的的偉大地位，才能維持和平的話……我要鄭重的說，遺種代價所得的和平，將是我們這樣的大國所不堪忍受的厚辱。」

遺種厲時發出而成為「英國之聲」的天賦才能皇軍即在戰時，仍須受是家政府的統轄。國衞常的算賬與信任。勞合喬治以酚驥其是一個政黨的領袖，其後卻因為他對一九一六年戰爭中溢注了的那種勇氣與能力才進而得到一個新的地位。溫士頓、邱吉爾從未在任何政黨內有過這精神的歸宿，但在戰月英國的嚴重局勢，已在他出任首相時所說的下列

一舖反映出來：「我所能貢獻的只有血與力，淚和汗」。在鄧刻爾克一役之後，英國的決心，也可由他的語句中看出，「我們要抗戰到底，我們要在法國作戰，在海洋上作戰，並帶著與日俱增的信心和實力在空中作戰。我們要不惜任何犧牲，保衞三島，不論在荷蘭方中作戰，或增而增光不少……」不列顯之役，周不述一臨而增光不少……「在人類門爭之中，從來沒有這麼少的人，以這麼偉大的思想的時候。」在危急中產臨的時妙語，比戰慶和醫護發者們的疾呼和勝利的歡呼，更能鼓舞的一部分。

0879 中美周报（周刊）

　　美国纽约：中美出版社编印，16开。1942年在纽约创刊，吴敬敷任社长兼总主笔。设时评、世界大势、国际舆论、特写、生活艺术、社会服务、中美播音台等栏目。本馆藏起讫1947年1月—1949年1月。

中美週報 第二六〇期

民國卅六年十月廿三日出版

社長兼總主筆　吳敬敷

印刷所　中美出版社

發行所　中美出版社

郵址　紐約包梨五十號

CHINESE-AMERICAN PRESS, INC.
50 BOWERY
NEW YORK 13, N.Y., U.S.A.

電話 Tel: WORTH 2-5783

本報園地公開　歡迎各界投稿

定價

本報每逢星四日發行，美國零售每冊二角半，其他各國每冊三角。

預定	美國	其他各國
三個月 十三冊	三元	三元四角
半年 廿六冊	六元	六元七角半
全年 五十二冊	十二元	十三元五角

157

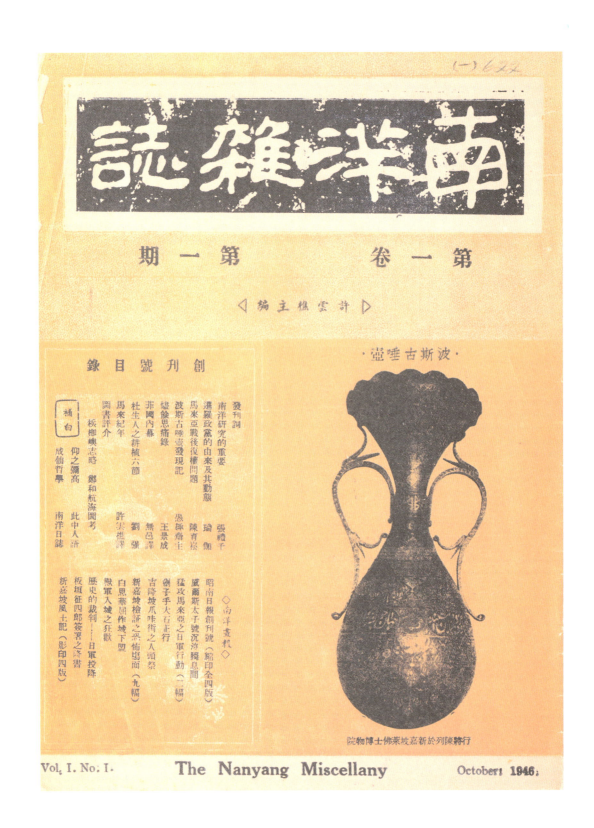

Vol. I. No. I.　　The Nanyang Miscellany　　October, 1946.

3618 南洋杂志（月刊）

　　1946年10月在新加坡创刊，许云樵主编。16开。讲求通俗性，以研究南洋问题为旨趣，兼及南洋、华侨与祖国的关系，1948年7月终刊，共出16期。本馆藏仅缺第8期。

發刊辭

第一卷第一期

南僑文化在日寇蹂躪之下，經歷了三年半的黑暗時代，一旦光復，便一度呈空前的活躍，出版物風起雲湧，幾至不勝

枚舉。馬來亞各地的期刊，多至百有餘種，單在叻嘉坡一地，便出了五六十種，銷行最廣的，達萬份左右。本是一個可喜的

現象：可是不上一年，便終續停刊，到現在恐怕全馬來亞能準期出版的不上十種了。這是何等令人痛惜的事啊！

我們應當檢討，為什麼只興盛得這麼短，而沒落得那樣快呢？無可諱言的，這還是暴露了我們華僑一向的弱點，就是不

能合作和眼光太短。大凡辦刊物的，有三種人：一種是為了志趣，色彩是非常明顯的，這是為他們所表現的是他們的志趣，他

們只顧迎合讀者的心理，他們要宣傳佣俐的黨的主義，甚至以色情外的低級趣味，來誘惑大眾上癮，可是有的雖係可以合作的刊物，這

三種人，要他們合作是不可能的；然而志趣相投，性質相近的刊物，是應該可以合作的，更非合作不可。因為合作

起來，人才集中，至於查金也集中。費用經濟，讀者也經濟。本能維持五期的，兩個合併，可以維持到十期，以前可賺一倍的，

現在可得兩倍。一個刊物的地位的成就，是在乎馳出得久，而不在乎一時熱鬧，在乎馳銷行廣，而不在乎定價貴。要計算得

久遠，而不應當只圖目前。為了刊物的前途，所以我們辦刊物的時候，當要統盤籌算，這個刊物是不是必需的？現在有沒有

同樣的刊物？如有。是否需要增多這個？就本能當辦，否則是有把握？經費是不是絕對無問題的，是不是精益求

精對得起讀者？……只要任何一個問題的答案是否定的，就不應當辦，單得自畏累人！當時大家顧不了這許多，只是擠

命的挣扎著出版，於是印刷所老板大發其財，辦刊物的在一時熱鬧，白忙一場，而讀者大家得不下去時，便只有連接二的關門大吉！於是花

一現，成為南僑文化史上的陳迹。

至於，南洋雜誌，這一個刊物，我們籌劃得相當久了，也是為了效忠上面那些問題，一再遷延到今天才實現。我們是為

了志趣——研究南洋的志趣。而編印這一個刊物。我們不富傳什麼主義，但是要敵吹我們的志趣，因此凡有同好的，希望

大家一起來扶植這嫩苗的滋長。我們不是為賺錢，但如果有人認為這個刊物會賺錢，而要投資，我們也歡迎。總之，我們沒

有色彩，不強我們染上色彩的人，一律歡迎，即使他自己有濃厚的色彩，我們不問。南洋雜誌，本來已有了，南洋學報，這雜誌似乎是多餘的了，其實不然。南洋學報，是專門的，為要與

研究南洋的專門刊源，本來已有了，南洋學報，這雜誌似乎是多餘的了，其實不然。南洋雜誌，却以通俗為前提，但專門的作品，我們的立場是華僑·祖國志國際，和我們的關

國際問權威學者相切磋而長。我們不富傳什麼主義，但是要記得，我們的立場是華僑·祖國志國際，和我們的關

學報不談政治經濟，而我們便不受這限制，我們的使命，是談南洋，談華僑，若和南洋或華僑無涉的國內或國際問題，我們敬謝！

係是密切的，但，南洋雜誌，却以通俗為前提，篇幅如不過長，也的量刊裁。南洋學報，是專門的，為要與

我們希望編者和讀者，作者印讀者，在同一的志趣中，共同切磋琢磨，因此我們希望作者源源賜稿，讀者多多指教，使這雜誌

能逐步改進，以適應我們的理想。

翻開看吧，這是我們第一期的嘗試。

6.时政、综合期刊

3114 东方杂志（月刊）

　　清光绪三十年正月二十五日（1904年3月11日）在上海创刊，商务印书馆编辑发行，16开。孟森、杜亚泉等编撰，1920年改半月刊，曾三度停刊，1948年12月终刊，共出44卷计816期。该刊以"启导国民，联络东亚"为宗旨，内容广泛，搜罗宏富，被誉为"杂志的杂志"，尤以时论时评著名。本馆藏起讫1904年3月—1948年12月。

錄目期一第誌雜方東

東方雜誌第一期目錄

0841 不忍（月刊）

保皇党刊物。上海广智书局发行，1913年2月在上海创刊，用孔子诞辰纪年，康有为主编。16开。以十大"不能忍"而得名。设政论、教说、艺林、国闻、图画等栏，反对革命，攻击共和，主张清室复辟，鼓吹尊孔读经。1913年出8期，旋停刊，1918年1月复刊，出第9、10期合刊。本馆藏全10期。

不忍雜誌目錄

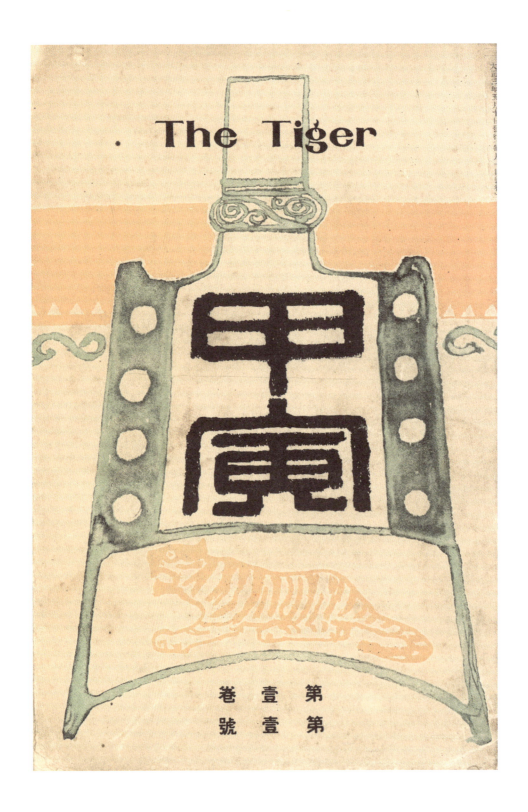

1685及1684　甲寅（月刊）

　　1914年5月在日本东京出版，章士钊主编，16开。自5期起迁上海出版，后停刊，1925年6月改名《甲寅》周刊，在北京出版，卷期另起，至1927年2月停刊。前期"甲寅"主张社会革新，反对封建专制；后期"甲寅"宣传复古尊孔，反对新文化运动。本馆藏起讫1914年5月—1915年7月及1925年6月—1927年2月。

甲寅雜誌第一卷第一號目次

一

4802 国闻周报（周刊）

上海：国闻周报社编印，1924年8月在上海创刊，1927年曾迁天津出版，1936年迁回上海出版，1937年12月终刊。16开。胡政之主办，自称"办报方针为欲成为国民公共交换意见、研究问题之机关，并供给以批评中外时事之正确资料"，其政论详细评述国内外重大时事，颇有影响。本馆藏起讫1924年8月—1937年12月。

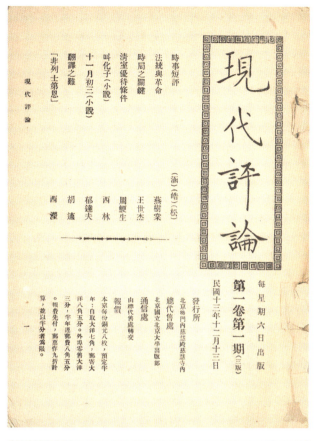

4429 现代评论（周刊）

北平：现代评论社编印，1924年12月创刊，1927年迁上海出版，1928年12月终刊。16开。陈源主编，胡适、王世杰、高一涵、周鲠生等主要撰稿，标榜"不主附和、不尚攻讦与空谈"，其文以政论、时评为主，兼载文艺作品。本馆藏起讫1925年1月—1928年12月。

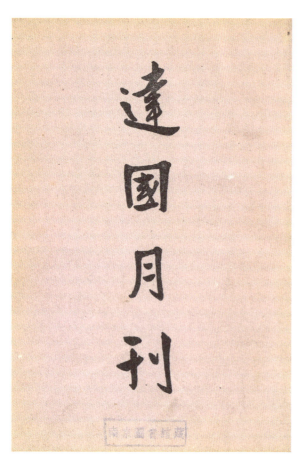

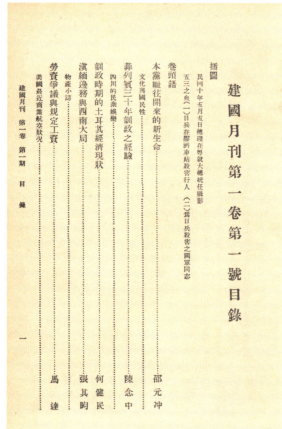

3875及3881　建国月刊

　　1929年5月在上海创刊，邵元冲主编，16开。1931年2月迁南京出版，1947年10月迁台北出版至1948年8月。该刊载辛亥革命史料甚多，对研究民国之肇建颇有价值。本馆藏起讫1929年5月—1937年6月及1947年10月—1948年1月。

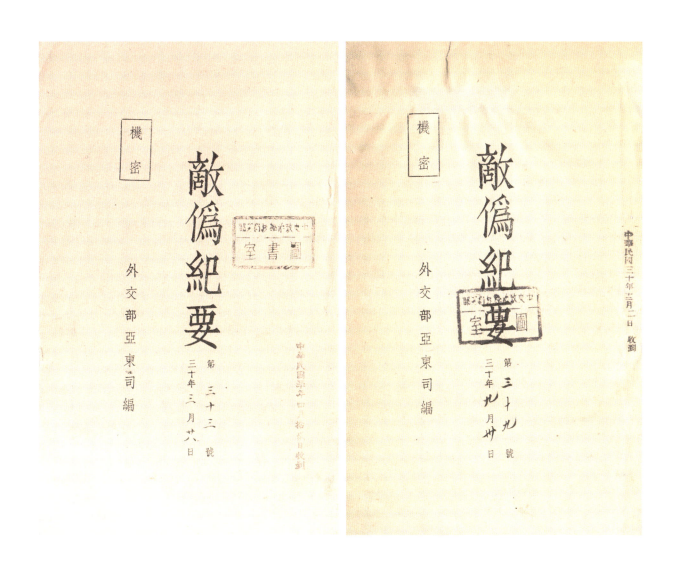

K265.6-25/3 敌伪纪要（半月刊）

重庆：外交部亚东司编，封面铅印并有"机密"字样，内页油印，16开。该刊共出69期，时间从1939年1月至1944年11月。内容均为从各种渠道搜集和编译的日本侵华的方针、政策、措施等情报资料。本馆藏第33、34、36—39、53、54、56、58、61共11期。

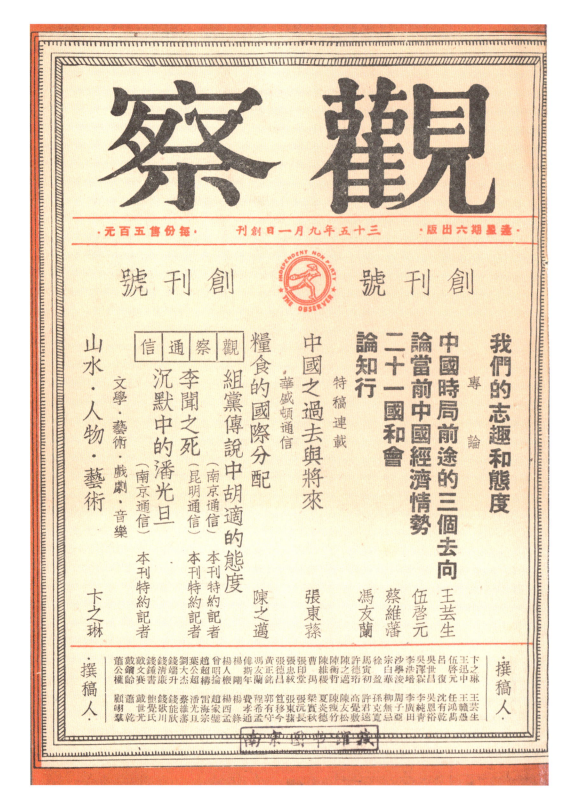

7892 观察（周刊）

　　1949年前最著名的自由主义刊物。1946年9月由储安平在上海创刊，16开。以"民主、自由、进步、理性"为宗旨，广泛评论中国政局、战局、经济、文化和社会问题。设专论、外论选译、观察通信、文艺、读者投书等专栏。1948年12月被国民党政府勒令查封，1949年11月在北京复刊，改半月刊，1950年5月易名"新观察"。本馆藏完整。

發行者：觀察週刊社

電話：九○二一九
上海姑嶺路三十四號

總經銷：國際書店
蘭州鳴遠文化社
總經售處：蘭州中山路五七五號

北平經售處：
北平西單堂子胡同已十一號
（徵求各地同業批銷或總經售）

編主平安儲
觀察
第一卷　第一期
三十五年九月一日

本期作者

主芸生：大公報總主筆
伍啓元：清華大學教授
蔡維藩：南開大學教授
楊友蘭：清華大學文學院院長
袁東蘇：燕京大學教授
陳之邁：中國駐美大使館參事
卞之琳：南開大學教授

我們的志趣和態度

編　者

一

本刊籌備多月，歷經艱苦，終於今日問世。創刊伊始，茲謹一述我們出版這一個刊物的志趣、風度和立場。

抗戰雖然勝利，大局愈見混亂。政治激盪，經濟凋敝，整個社會，已步近崩潰的邊緣；全國人民，無不陷入苦悶憂懼之境。在這種局面下，工商百業，俱感窒息，而文化出版事業所遇的困難，尤其一言難盡。言路狹窄，放言論事，處處顧忌；交通阻塞，發行推銷，備受限制；物價騰漲，印刷成本，難於負擔；而由於多年並種原因所造成的瀰漫於全國的那種麻痺、消沉、不求長進的風氣，常常使一個有尊嚴有內容的刊物，有時竟不能獲得廣多的讀者。在這樣一個出版不景氣的情況下，我們甘受艱苦，安於寂寞，不提避可能的挫折、恐懼，甚至失敗，仍欲出而創辦這個刊物，其有理想，其有熱忱，亦因我們深感在今日這樣一個國事殆危，士氣收壞的時代，實在急切需要有公正、沉毅、嚴肅的言論，以挽救國運，振奮人心。

我們感到現在大多數人祇知追逐權勢，追逐利慾；人人以己為先，國家的禍福竟成爲未要前少人過問。是非不明，正氣不張。許多人常在一種衝動下，流露他們愛國的情緒；很少能在生活、工作、良知及人格上，表現他們對於國家的忠誠，盡他們對於國家的責任。但要抗禦外敵，自強圖存，顯非單憑感情所能濟事；而建設國家，改革社會，尤需有衆多的能夠咬得緊牙關，挺得起胸膛的人民。環顧海內，種種現狀，固足使人疾首痛心，但這也是一個大足以鍛鍊我們的意志和情操的時代。

二

我們這個刊物第一個企圖，要對國事發表意見。意見在性質上無論是消極的批評或積極的建議，共勤機則無不出於至誠。這個刊物確是一個發表政論的刊物，然而決不是一個政治鬥爭的刊物。我們除大體上代表着一般自由思想分子，並替善良的廣大人民說話以外，我們對於政府，執政黨，反對黨，都將作毫無偏私的評論。我們對於他們有所評論，懂懂因爲他們在國家的公共生活中佔有重要的地位。毋須諱言，我們這批朋友對於政治都是感覺與趣的。但是我們所感覺與趣的方式，祇是公開的陳述和公開的批評，而非權謀或煽動。政治上的看法，見仁見智，容各不同，但我們的態度是誠懇的，公平的。我們希望各方面都能在民主的原則和寬容的精神下，力求彼此的瞭解。同時，我們對於政治感覺與趣的「政治」，祇是衆人之事——國家的進步和民生的改善，而非一已的權勢。

7. 文艺、学术期刊

0488 小说月报（月刊）

　　综合性文学期刊。初为"鸳鸯蝴蝶派"主要阵地，后成为文学研究会机关刊物。沈雁冰、郑振铎、叶圣陶等编，"以移译名作、缀述旧闻、灌输新理、增进常识为宗旨"，上海商务印书馆出版。1910年8月29日（旧历七月二十五日）创刊，1931年12月停刊，共出259期。16开。本馆藏起讫1910年8月—1931年12月。

小　說　月　報　第　一　期

雙雄較劍錄

英國哈葛德著

閩縣林　紓筆述
靜海陳家麟口譯

第一章

英國皇帝亨利第七御極之第六年春日午中是日卽
爲皇帝開國會之日前數日國人已譁動往來憧憧兼
皆大集匪不踴躍帝意蓋宣布國中謂將以兵往征法
國衆初聞皆大喜然議院中人以財政苦絀頗軼軼時
議員咸富碩欲刮取其資咸不悅而平民則但急國仇
而籌餉事初不之涉故怦踴甚至市上萬衆爭迎皇帝
揚冠空際大呼萬歲帝雖年少然有老蒼之容色見衆
心附已則亦左右顧盼展其笑靨帝新易姓蓄疑於心
旣覽葦情擁戴心亦滋悅令左右宣慰且招父老及於
輦下與之引手爲禮時有童子數人集引帝標蓋國俗
謂得親天顏後此定有成人之望帝行時少駐市間收
民間訟詞命從官宣讀其辭兼見皇帝親受民詞則尤

雙雄較劍錄

一

大呼稱頌而御馬已徐徐而過至西泯斯弑宮赴燕侍
衛中有一巨官亦御馬行其人爲公使曰亞亞拉拉西班
牙專使也其後則列爵並秘書諸郎此西使屆躪行乃
與皇帝甚邇見者知英國與西班牙之邦交篤奕前四
年皇長子約塞生甫十二月卽與西班牙公主並治
結縭公主之年則一週又九閱月西國夫婦二王並治
鍾愛此女二國之意謂旣和親則二雄必無乖沮之日
且相敦睦國之利也其在專使之左佇有一人跨黑馬
衣服清整均青絨所製冠以巨珠耿耿其人
年髯在三十五左右儀觀甚偉二瞳皆黑左
右頗清新薼嚴重無復桃古相人者有云每人神宇
間皆微有所肖或禽或獸皆微得其似若此人者厭狀
直類乎鷹衣馬二飾皆麗峻銳屬二目之光尤銳鼻端
亦鉤如鷹吻懦然不見屈於人指皆長瘦飛行矯捷大
類所求必獲獲必長保所有不輕擲之於人直可稱爲
葦鳥之王也鷙人中之鷹此時見皇帝與父老言則立

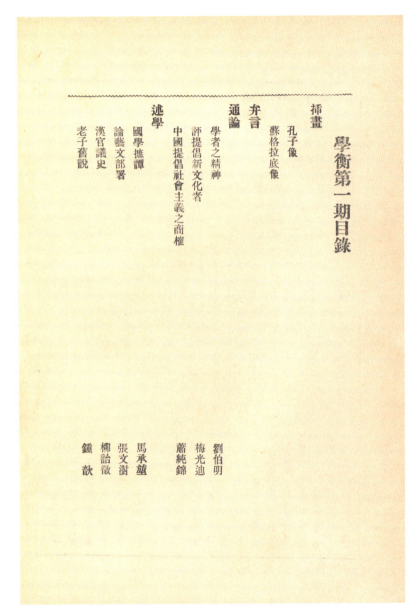

7334 学衡（月刊）

上海：中华书局出版，1922年1月在南京创刊，1928年1月改为双月刊，至1933年7月出第79期终刊。16开。由吴宓、胡先骕、刘伯明、梅光迪等主办并撰稿，以"昌明国粹、融化新知"为宗旨，设通论、述学、文苑、杂缀、书评等专栏，主张尊孔复古，反对新文化运动。本馆藏仅缺第77、79期。

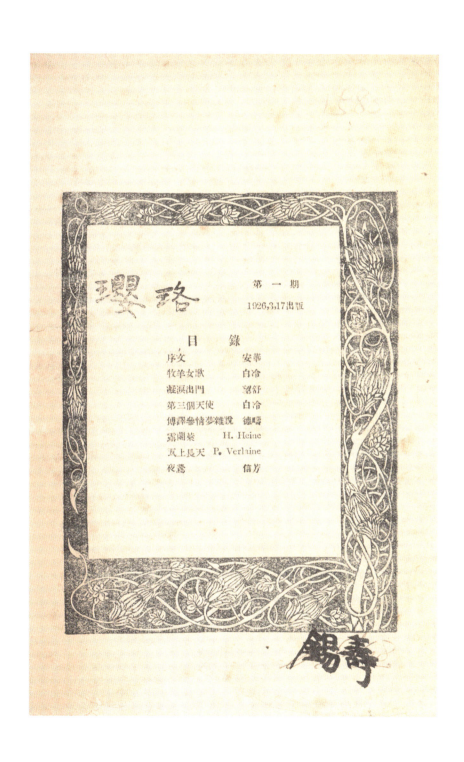

7796 璎珞（旬刊）

江苏松江：璎珞旬刊社发行，1926年3—4月共出4期，32开。戴望舒、施蛰存、杜衡合编，发表诗歌、散文、小说等，戴望舒处女诗作《凝泪出门》即出自该刊创刊号。本馆独家收藏。

2

序　文

安華

　　既決定了出板這個小旬刊，朋友們都說應當在第一期上有一篇序言發刊辭之類。這種文字，眞是最難下筆。我不知應如何說才能得體。說明這刊物的性質吧，我想我們聰慧的讀者總能於我們這個刊物出板了幾期之後自己能將她的性質瞧透得比我此時所能說的更詳細而準確。所以似乎也沒有在這裏先說的必要。說我們的態度吧，我想我這枝筆很容易因此而傾向於誇張，將反而使讀者感覺些不快意。

　　因此，我是十分的躊躇，應當如何將這個刊物介紹給我們的親愛的讀者。我想我現在的心情也仿彿如司蒂文生的怕替他一本小小的內地旅行記作序一般的不甯。但同時，我也採取了他智慧的意見，以爲作者之于序文，儘可對讀者一句話也不說；然而他很謙和地將他的帽子除下了執在手中，在小廊邊現身給他的讀者這囘事却是必須的。我現在，所以，敢代表我們許多朋友在這裏現身，將這個小旬刊介紹給我們友善的讀者。

牧羊女歌

白冷

3

願我做個牧羊兒，
願君做個牧羊女，
家住幽村青草多，
朝朝攜手牧羊去。

如雲短髮覆君額，
陽光淡淡照君顏——
君顏暈出薔薇色，
逗人心上起波瀾。

贈我纏綿一曲歌，
我吹新笛輕輕和；
低徊唱到有情時，
眼向羊兒心向我。

天天日暮人兒倦，
夕陽伴我送君歸；
羊兒一路行迂緩，
心兒一路想芳姿。

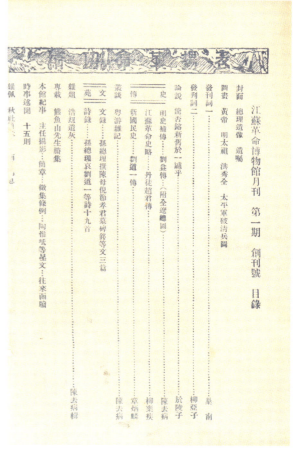

2074 江苏革命博物馆月刊

　　南京：江苏革命博物馆编，陈去病主编，1929年8月创刊，1931年1月停刊，共出16期。16开。主要栏目有图画、论说、史传、文苑、丛谈、杂俎、诗话等，以鼓吹民族主义为宗旨，保留了大量南社资料。本馆藏完整。

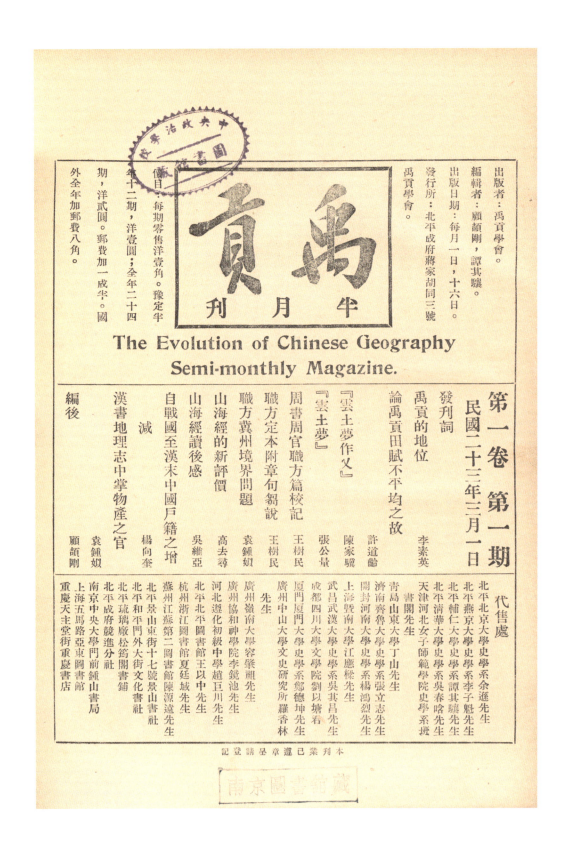

3821 禹贡（半月刊）

北平：禹贡学会主办，顾颉刚、谭其骧等编，以"研究中国地理沿革"为旨趣。1934年3月创刊，1937年7月停刊。16开。本馆藏起讫1934年3月—1937年7月。

禹貢半月刊第一卷總目

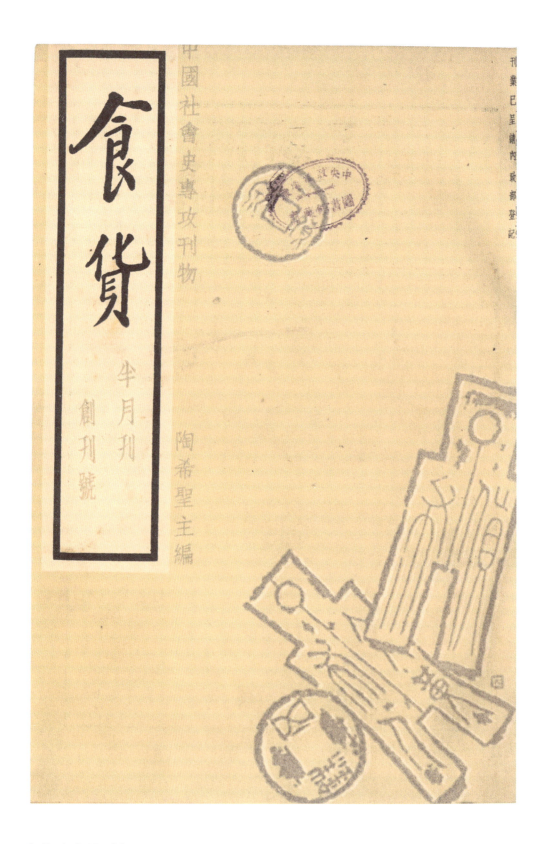

3753 食货（半月刊）

　　陶希圣主编，1934年12月在上海创刊，新生命书局发行，1937年迁北平，七七事变后停刊。16开。设考证、读书随笔、答辩、通论、调查研究法、索引、会约、通告等栏目，主要刊载有关中国经济、社会史方面的论著。本馆藏起讫1934年12月—1937年7月。

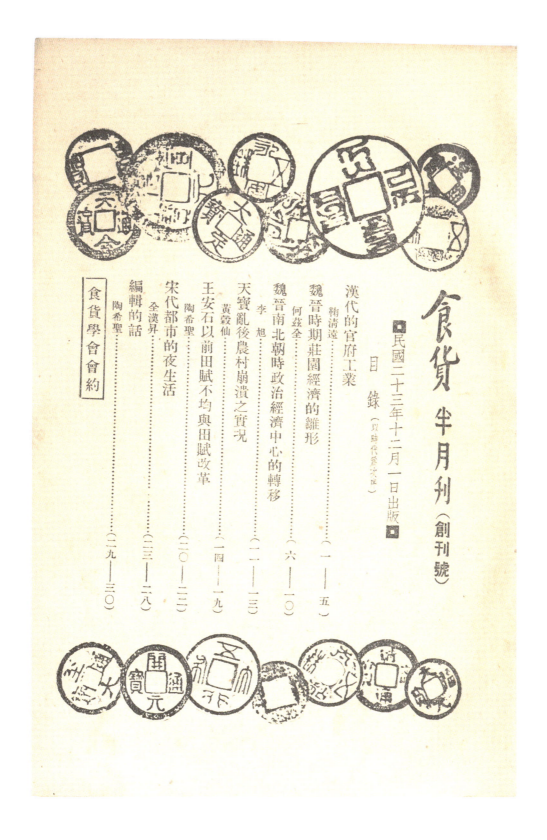

食貨 半月刊（創刊號）

■民國二十三年十二月一日出版■

目　錄（以時代爲次序）

2133 宇宙风（半月刊）

1935年9月在上海创刊，历迁广州、桂林，再迁广州，后改月刊，1947年8月停刊，共出152期。16开。林语堂等主编，周作人、郭沫若、老舍、丰子恺、郁达夫、老向等主要撰稿。刊载小品文、散文、随笔、小说及杂著，以畅谈人生为旨趣，注重社会批评，宣传民主自由。本馆藏起讫1935年9月—1947年8月，其中仅缺9期。

1期.

姑妄言之

孤崖一枝花　語堂

行山道上，看見崖上一枝紅花，艷麗奪目，向路人迎笑。詳細一看，原來根生於石罅中，不禁嘆異。想宇宙萬類，應時生滅，然必盡其性。花樹開花，乃花之性，率性之謂道，有人看見與否，皆與花無涉。故置花熱鬧場中花亦開，使生萬山叢里花亦開，甚至使生於孤崖頂上，無人過問花亦開。香為蘭之性，有蝴蝶過香亦傳，無蝴蝶過香亦傳，皆率其本性，有欲罷不能之勢。拂其性禁之開花，則花死。有話要說必說之，乃人之本性，即使王庭廟廊，類已兒閒尊口，無話可說，仍會有人跑到山野去向天高嘯一聲。屈原明明要投汨羅，仍然要哀號太息。老子騎青牛上明明要過函谷關，避絕塵世，却仍要留下五千字著書立說，豈真關尹子所能相强哉？古人無補於世，也會不甘寂寞，去著小說。雖然古時著成小說，一則無名，二則無利，甚至有殺身之禍可以臨頭，然自有不說不快之勢。中國文學可傳者類皆此種隱名小說作品，並非一篇千金的墓誌銘。這也是屬於孤崖一枝花之類。故說話為文美術圖畫及一切表現亦人之本性。『貓叫春兮春叫貓』而老僧不敢人前叫一聲，是受人類文明之束縛，拂其本性，實際上老僧雖不叫春，仍會偷女人也。知此而後知要人不說話，不完全可能。花只有一點元氣，在孤崖上也是要開的。

无花薔薇　語堂

世上有有刺有花的薔薇，也有无花有刺的薔薇。但是有花有刺的薔薇，人皆樂為種植，偶然被刺，皮破血流，總因愛其花之美麗而憐惜之。惟有无花的薔薇，雖然也有刺，滿枝是刺，且刺傷人時旁人可以顧而樂之，但因終究不見開花，看刺到底不能過癮，結果必連根帶幹拔而除之。因為无花有刺之花，在生物學上實屬謬種，且必元氣不足也。在一人作品，如魯迅先生諷刺的好的文章，雖然『无花』也很可看。但辦什誌不同。雜誌，也可有花，也可有刺，但單叫人看刺是不行的。雖然肆口謾罵，也可助其一時銷路，而且人類何以有此壞根性，喜歡看旁人刺傷，使我不可解，但是普通人看完之後，也要看看所開之花怎樣？到底世上看花人多，看刺人少，所以有刺无花之刊物終必滅亡。我這樣講，雖然我不是贊成有花無刺之薔薇。

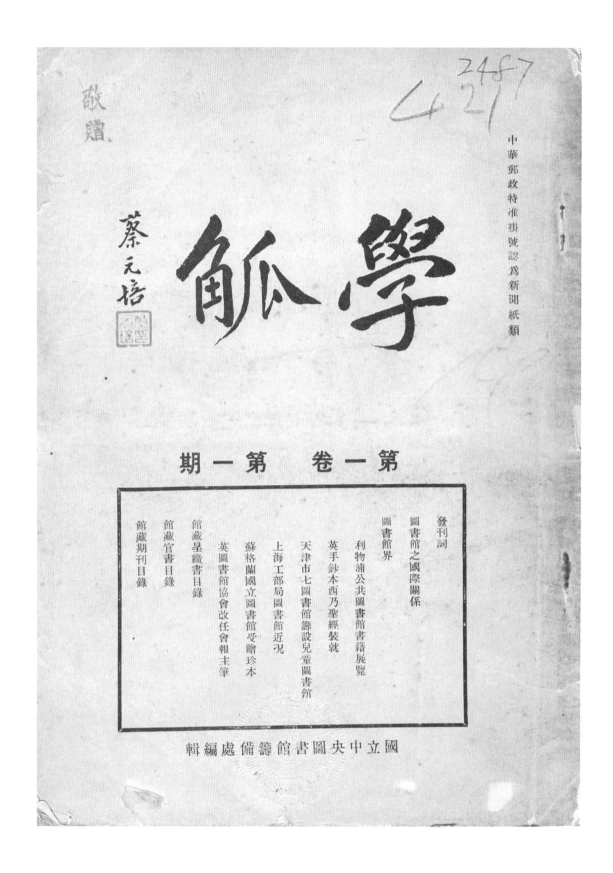

7339 学舣（月刊）

南京：国立中央图书馆筹备处编印，蔡元培题签，1936年2月创刊，至1937年5月终刊。16开。该刊设有译著、图书馆界、馆藏呈缴书目录、馆藏官书目录、馆藏期刊目录等专栏。本馆藏完整。

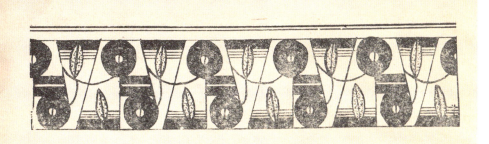

發刊詞

編　者

吾國本文化事業先進之邦，自世界各國科學競進，遂相形落後；急起直追，端在社會人士，互相研討，共同促進，以期灌輸現代之學識，發展固有之文化。本館籌備已逾兩年，同人等深愧力薄，極鮮貢獻，用是本服務社會之職責，除各人應負之任務外，曾以餘暇於去年二月起主編『學甌』一欄，按期刊登中央時事週報，以促進文化事業，介紹圖書與學術界消息，供各界之研討為目的，倏已週歲。茲為便利閱者起見，除新書簡訊仍繼續供給中央時事週報刊登外，特由本館單獨刊行『學甌』。內分論譯專著，圖書館消息，館藏呈繳書目及期刊目錄等類。凡所撰述，悉以圖書，圖書館學為限，庶專其所業，不逾其囿。

值此發刊之始，謹略述緣起，同人等自維學識謭陋，率爾操甌，難免錯漏，深願海內賢達，不吝賜教，以匡不逮，實所企幸！

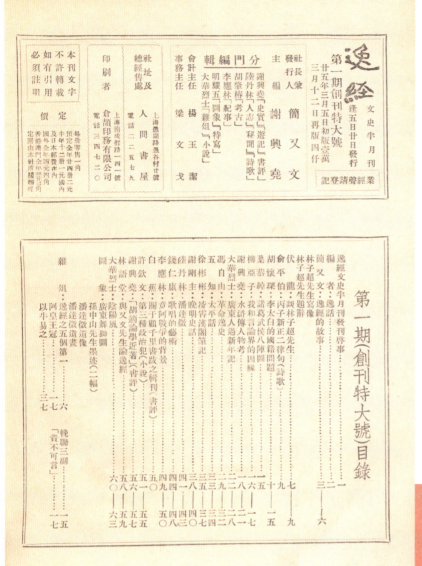

5005 逸经（半月刊）

　　谢兴尧主编，陆丹林、俞平伯、叶恭绰、柳亚子、冯自由、谢国桢、林语堂等撰稿，1936年3月创刊，1937年8月停刊，共出36期，16开。保存了大量珍贵的人物传记资料和太平天国史等历史资料。本馆藏起讫1936年3月—1937年8月。

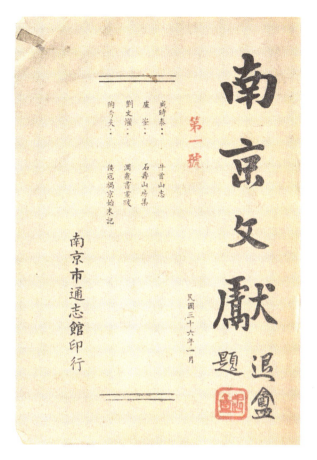

3640 南京文献（月刊）

南京通志馆编印，卢前主编，1947年1月创刊，1949年2月终刊，共出26期。16开。收录元、明、清、民国各时期南京地方文献67种，多南京乡贤著作，内容涵盖政治、经济、文化、历史、地理、人物、风俗等。本馆藏完整。

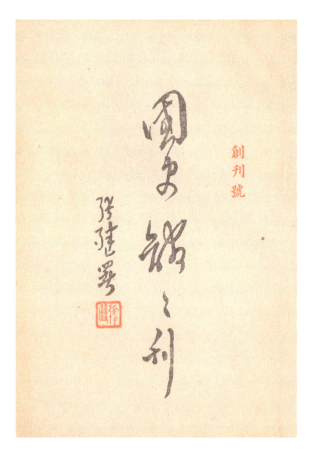

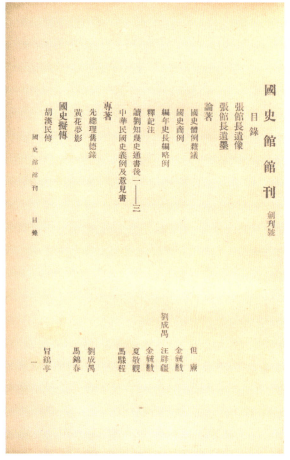

4803 国史馆馆刊（季刊）

南京：国史馆编，1947年12月创刊，至1949年4月终刊，国史馆首任馆长张继题签。16开。国史馆1947年1月正式成立，至1949年11月结束，掌民国史撰修事宜。该刊设有图片、论著、专著、国史拟传等栏目。本馆藏起讫1947年12月—1949年1月。

三、中文报纸

　　本馆收藏民国中文报纸千余种，现选取30种，按清末报纸、共产党报纸、国民党报纸、"中间派"报纸、日伪报纸、海外报纸（多属国民党文宣系统）之序排列。馆藏中，南京地区出版的多达97种，海外出版者有66种，前者以完整见长，后者以稀有为贵。新四军和华中抗日根据地、华中解放区报纸在红色报纸中颇为突出。此三者代表了本馆报纸显著的地域特色。

1.清末报纸

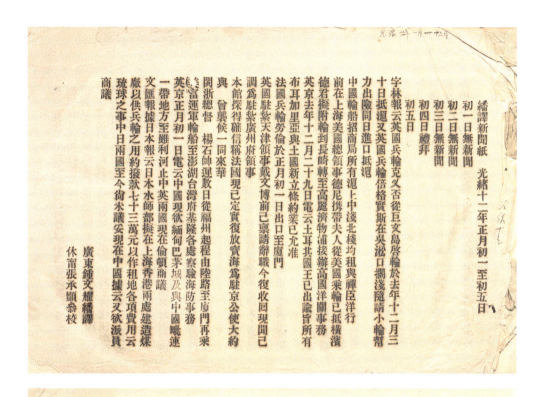

616 翻译新闻纸（五日刊）

约清光绪二年（1876）在上海创刊，由江南制造局翻译馆编译出版，小8开。主要报道最新西国大事。本馆藏起讫清光绪十年四月初一（1884年4月25日）—清光绪十八年十二月十三日（1893年1月24日）。

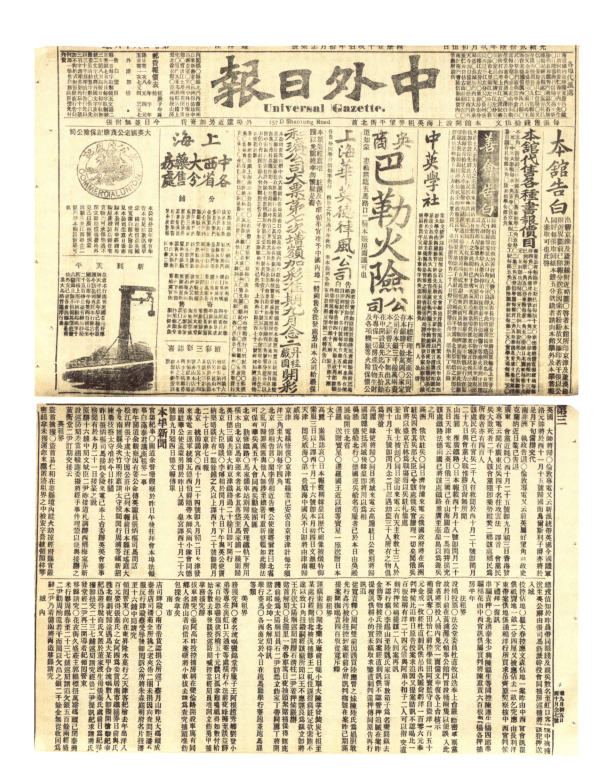

400 中外日报

　　资产阶级改良派报纸。清光绪二十四年闰三月十五日（1898年5月5日）在上海创刊，原名"时务日报"，同年8月17日改现名，汪康年主办。内容以记载中外大事、评论时政为主，主张社会改革，对康梁维新运动和孙中山领导的资产阶级革命均持反对态度，1911年终刊。8开。本馆藏1900年10月—1907年9月。

2. 共产党报纸

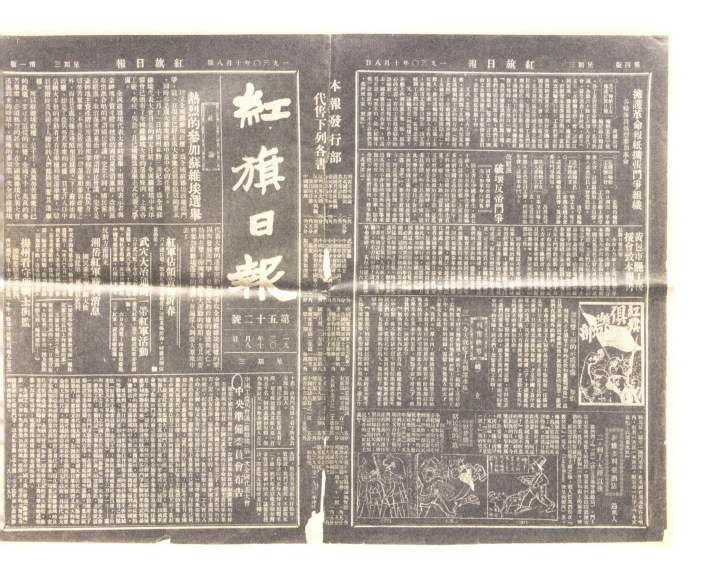

6771 红旗日报

　　中共中央在第二次国内革命战争时期的机关报。创刊于上海，原为《红旗》周刊，1929年6月改三日刊。1930年8月15日与中共江苏省委机关报《上海报》合并，改现名，至1931年3月8日停刊，改出《红旗周报》。设社论、专论、专载、各地通讯等专栏，主要刊载中共中央之宣言、通告及消息。4开。本馆藏1930年10月。

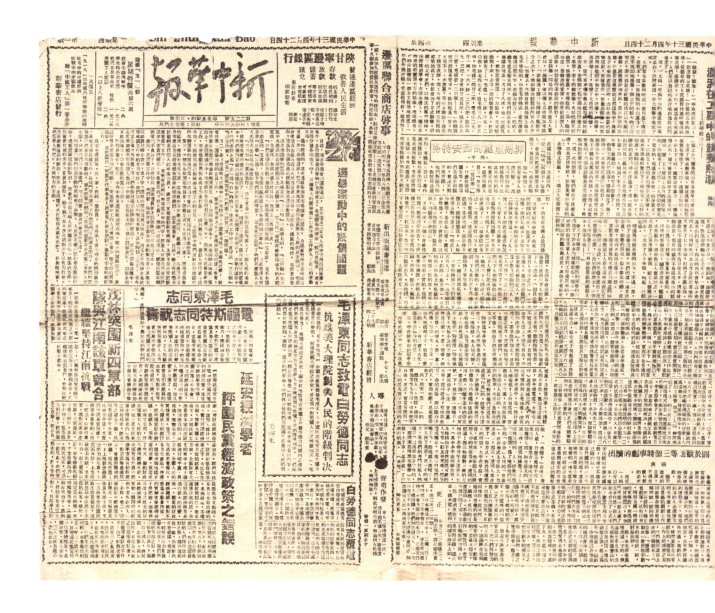

6841及6841-1 新中华报（每周二次）

　　延安出版，前身为《红色中华》，1937年1月29日改现名。起初是陕甘宁边区政府机关报，1939年2月7日改中共中央机关报兼边区政府机关报。1941年5月停刊，与《今日新闻》合并，改出《解放日报》。4开。本馆藏1939年4月、1940年1、12月、1941年4月。

6785等 拂晓报（二、三日刊）

1938年9月29日在河南确山创刊，由新四军游击支队主办。彭雪枫题写报头。初为二日刊，后改三日刊，曾由江淮二分区出版。1948年4—5月为油印，余铅印。4开。本馆藏起讫1948年4月—1949年4月。本馆另藏出版于安徽泗县、涡阳、淮北苏皖边区的同名报纸三种，或油印或铅印，泗县版对开，馆藏1946年1—2月；涡阳版8开，馆藏1940年1月；淮北版8开，馆藏起讫1943年3月—1944年2月。

6755 江淮日报（二日刊）

江苏盐城：苏北抗日根据地、江淮解放区出版，刘少奇题写报头，1940年12月2日创刊。为中共华中局机关报，后停刊，1948年6月10日复刊，改为江淮解放区党委机关报，至1949年4月终刊。4开。本馆藏1940年12月，1941年6—7月，1948年6月—1949年4月。

6729 解放日报

　　1941年5月16日由"今日新闻"和"新中华报"合并改名，延安出版。1942年改版，兼中共中央西北局机关报，1947年3月终刊。毛泽东题写报头。设中国工人、敌情、中国妇女、科学园地、军事、卫生等专栏和《文艺》副刊。对开。本馆藏起讫1941年5月—1944年11月。

557　东北日报

　　中共中央东北局机关报。1945年11月1日在山海关创刊，随军在沈阳、本溪、长春等地出版。1946年5月迁哈尔滨，旋再迁沈阳，1954年8月31日终刊。对开。本馆藏起讫1948年5月—1949年4月。

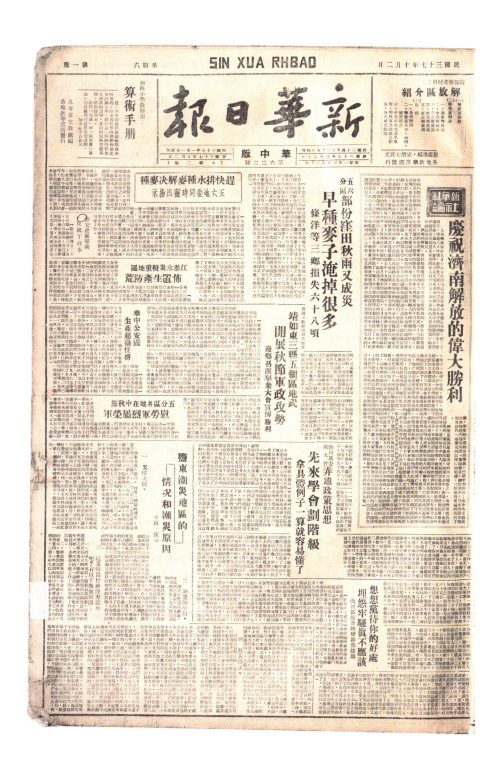

4810 新华日报（华中版）

　　1945年12月9日在淮阴创刊，初名"华中日报"，为中共华中分局机关报。1946年10月26日停刊，1948年1月复刊，改为中共华中工委机关报，1949年4月30日终刊。对开。本馆藏起讫1945年12月—1946年9月及1948年1月—1949年4月。

12及13 人民日报

1946年5月15日创刊于河北邯郸，为中共晋冀鲁豫分局机关报，毛泽东题写报头。后迁武安、涉县。1948年6月15日在平山与中共晋察冀分局机关报《晋察冀日报》合并，成为中共中央华北局机关报。1949年3月15日迁北平，同年8月改为中共中央机关报。对开。本馆藏起讫1947年9月—1949年2月。

3. 国民党报纸

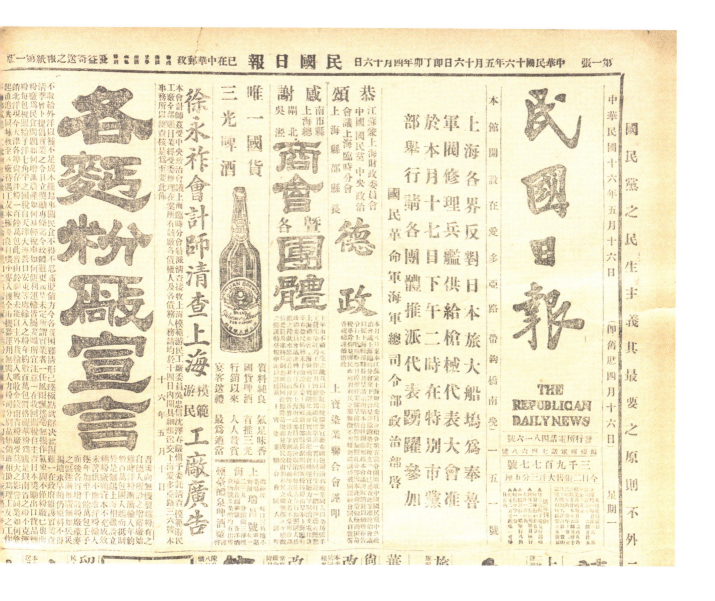

689 民国日报

　　1916年1月22日在上海创刊。原为反对袁世凯称帝而创办，国民党"一大"后成为国民党的机关报。其副刊"觉悟"曾宣传新文化运动，一度为西山会议派把持。1932年改名《民报》，1937年12月停刊，1945年10月原名复刊，1947年1月终刊。对开。本馆藏起讫1927年5月—1946年12月。

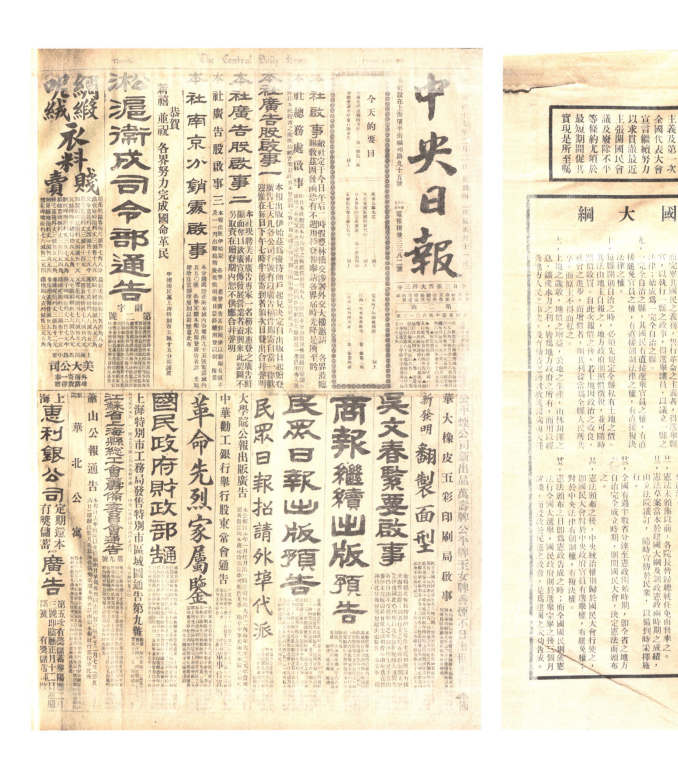

358等 中央日报

国民党中央机关报。1928年2月1日创刊于上海，1929年2月迁南京，1937年12月西迁长沙、重庆，抗战胜利后回迁南京，1949年4月终刊。抗战时期曾出昆明、贵阳、成都、柳州等许多地方分版。该报由国民党中央宣传部直接领导，程沧波、何浩若、陈博生、陶百川、胡健中等历任社长。对开。本馆藏起讫1928年2月—1949年4月。

像遺理總

總理遺囑

余致力國民革命凡四十年，其目的在求中國之自由平等。積四十年之經驗，深知欲達到此目的，必須喚起民眾及聯合世界上以平等待我之民族共

國民政府

一，國民政府本革命之三民主義，五權憲法，以建設中華民國。

二，建設之首要在民生。故對於全國人民之食，衣，住，行，四大需要，政府當與人民協力，共謀農業之發展，以足民食；共謀織造之發展，以裕民衣；建築大計畫之各式屋舍，以樂民居；修治道路運河，以利民行。

三，其次為民權：故對於人民之政治知識能力，政府當訓導之，以行使其選舉權，行使其罷官權，行使其創制權，行使其複決權。

四，其三為民族：故對於國內之弱小民族，政府當扶植之，使之能自決自治；對於國外之侵略強權，政府當抵禦之，並同時修改各國條約，以恢復我國際平等，國家獨立。

五，建設之程序，分為三期：一曰軍政時期，二曰訓政時期，三曰憲政時期。

六，在軍政時期，一切制度，悉隸於軍政之下；政府一面用兵力以掃除國內之障礙，一面

種公共之需，與及大規模之工商事業，本縣之資力不能發展與興辦而須外資乃能經營者，當中央政府為之協助；而所獲之純利，中央與地方政府各占其半。

十二，各縣對於中央政府之負擔，每年由國民代表定之，其限度不得少於百分之十，不得超過百分之五十。

十三，每縣地方自治政府成立之後，得選國民代表一員，以

十四，凡候選及任命官員，無論中央與地方，皆須經中央政府考試銓定資格乃可。

十五，省設省長，

十六，凡一省完全底定之為完全自治者，則為憲政開始時期，國民代表會得選舉省長；為本省自治之監督。至於該

十七，在此時期，中央與省之權限，采均權制度；凡事務有全國一致之性質者劃歸中央，有因地制宜之性質者劃

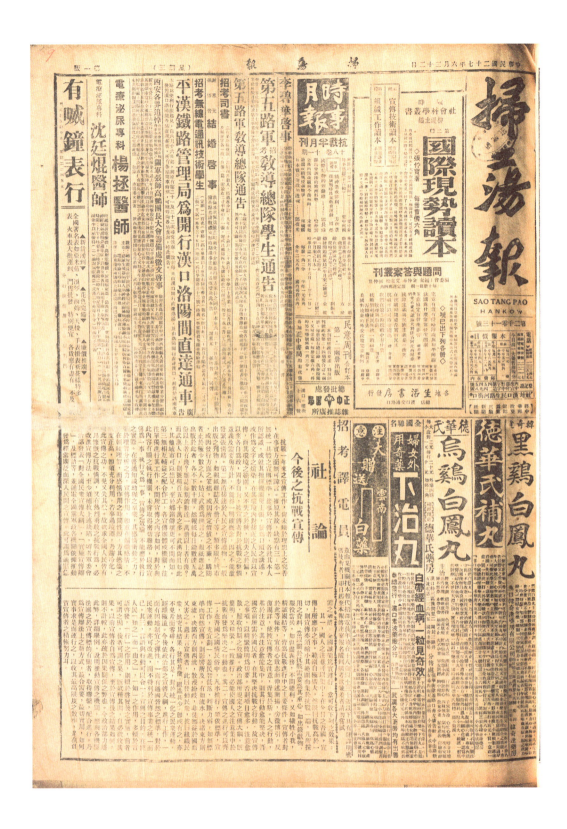

336、376等 扫荡报（日报）

国民党军事委员会机关报。1932年6月23日在南昌创刊，后先后在汉口、重庆等地出版，1945年11月12日改名《和平日报》，迁南京，1949年4月23日终刊。本馆藏汉口版1938年6—10月，重庆版1939年3月—1945年11月，南京版1946年4月—1949年4月。均对开。

505 救国日报

　　1932年8月由龚德柏在南京创办，龚并任社长兼主编。该报积极拥蒋反共，接受国民政府国防部津贴，得到何应钦支持。约于1937年11月停刊，1945年10月在南京复刊，1949年4月终刊。对开、4开不等。本馆藏起讫1937年2月—1949年4月。

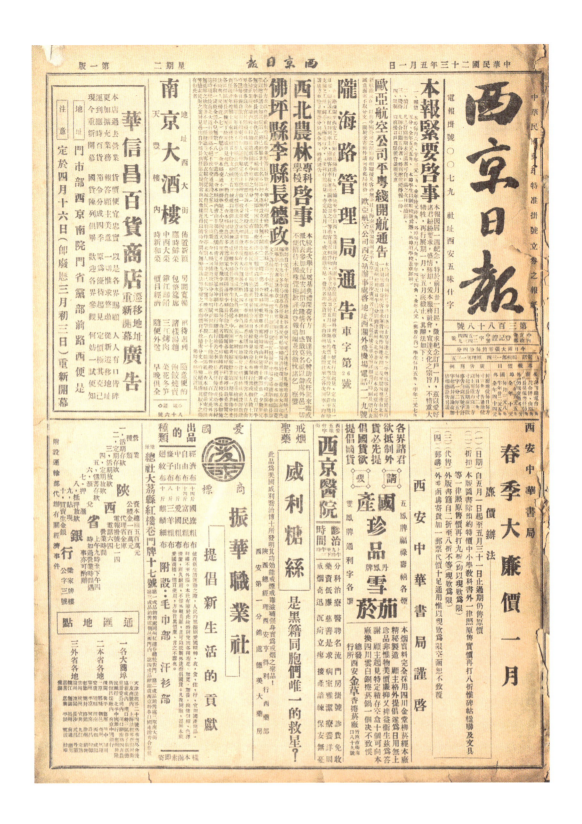

222 西京日报

　　国民党陕西省党部机关报。1933年3月21日在西安创刊，1936年12月12日停刊，1937年2月22日复刊。抗战时期，北平《华北日报》一度并入，曾在陕南发行汉中版，1949年5月终刊。对开。本馆藏起讫1934年1月—1948年11月。

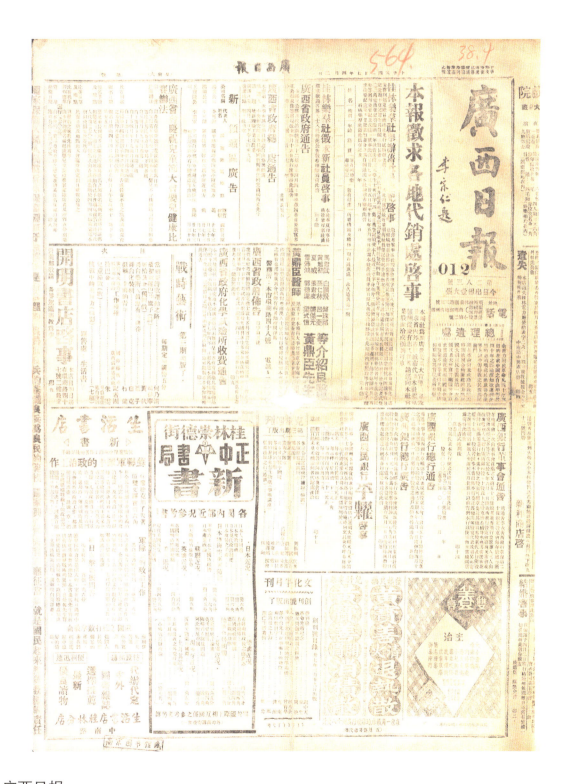

46 广西日报

桂林：广西省政府机关报，国民党桂系的舆论阵地。李宗仁题写报头，1937年4月1日在桂林创刊，原名"桂林日报"，1944年9月停刊，1945年10月复刊，1949年11月终刊。对开。本馆藏起讫1938年4月—1949年4月。

4. "中间派"报纸

583 申报（日报）

近代中国发行时间最长、影响最大的报纸。由英商美查清同治十一年三月二十三日（1872年4月30日）在上海创刊，1912—1934年史量才任总经理，1938年先后迁汉口、香港出版，上海沦陷后为日本人控制，抗战胜利后由国民党CC系接管，1949年5月终刊。对开。本馆藏起讫1872年6月—1949年4月。

559 新闻报（日报）

　　清光绪十九年正月初一（1893年2月17日）在上海创刊。最初为中英合资，1899年售于美人福开森，太平洋战争爆发后，被日伪劫持，1945年由杜月笙、钱新之等控制，程沧波总主笔，变为国民党"CC系"之党报，1949年5月终刊。对开。本馆藏起讫1895年4月—1949年4月。

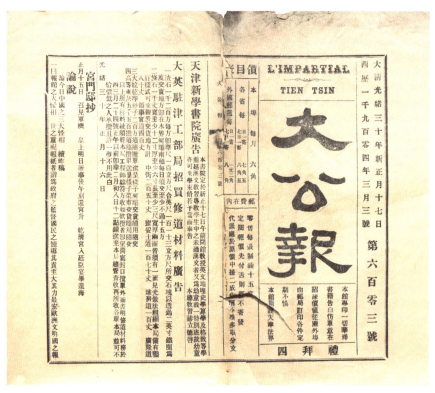

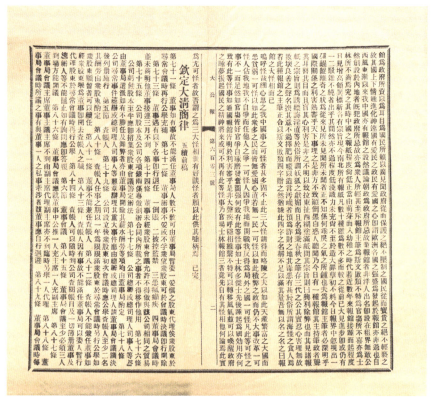

176 大公报（日报）

　　近代中国以政论出名的著名报纸。清光绪二十八年五月十二日（1902年6月17日）由满人英敛之创办于天津，1916年9月被王郅隆收购，为"安福系"喉舌。1926年9月吴鼎昌接办后，变成亲国民党的报纸。1949年天津解放后由人民政府接管。对开。本馆藏起讫1904年3月—1948年4月。

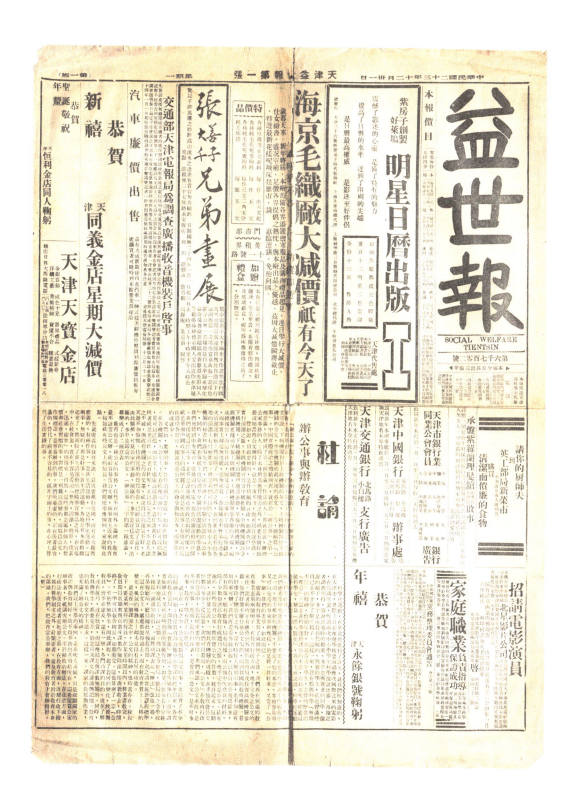

955　益世报（日报）

　　1915年10月10日由天主教传教士、比利时人雷鸣远在天津创刊。刘浚卿、刘豁轩历任总经理和总编辑。1930年代罗隆基两度出任社论主笔，力主抗日。抗战爆发后，先后迁昆明、重庆等地出版。抗战胜利后在天津复刊，至1949年1月停刊。对开。本馆藏起迄1934年12月—1948年10月。

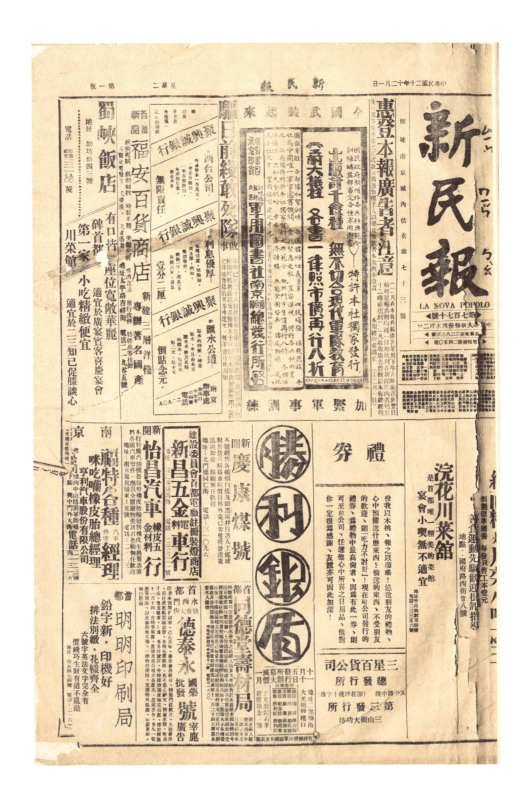

579 新民报（日报）

　　陈铭德1929年9月9日在南京创办，以"作育新民"为宗旨。先后在南京、重庆、成都、上海、北平等地出版，有日刊和晚刊。对开。抗战胜利后，因主张和平民主，反对内战，1948年7月8日被国民党查封，1949年6月5日在上海复刊。本馆藏起讫1931年12月—1949年9月。

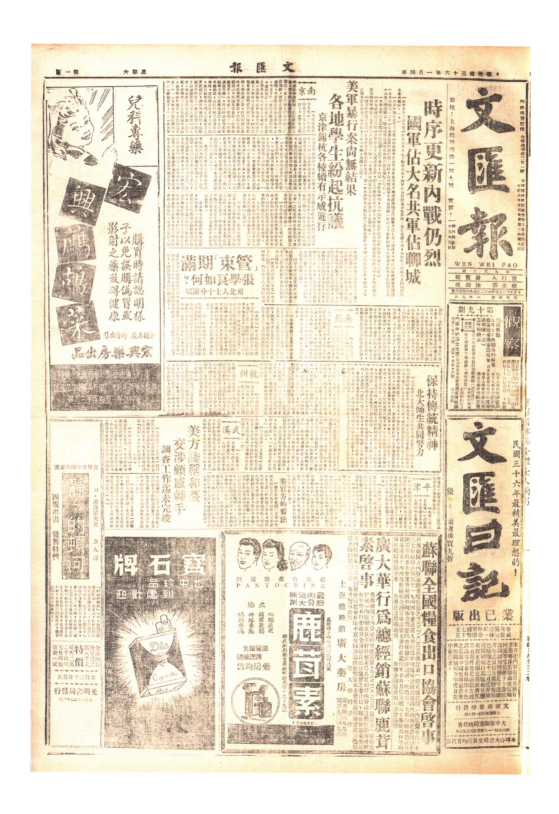

256及255　文汇报（日报）

　　由严宝礼1938年1月25日在上海创刊，徐铸成任总编辑。抗战胜利后，因坚决反对内战，于1947年5月24日被国民党查封，1948年9月9日在香港复刊，上海解放后迁回上海。对开。本馆藏1947年1—5月及1948—1949年。

5. 日伪报纸

515 盛京时报（日报）

日本帝国主义在中国东北的主要言论机关报。清光绪三十二年九月一日（1906年10月18日）在奉天（沈阳）创刊，东亚同文会主办。关注中国重大事件，支持亲日派军阀，详载伪满洲国消息。1944年9月14日改为《康德新闻》奉天版，1945年8月后停刊。对开。本馆藏起讫1942年1月—1944年9月。

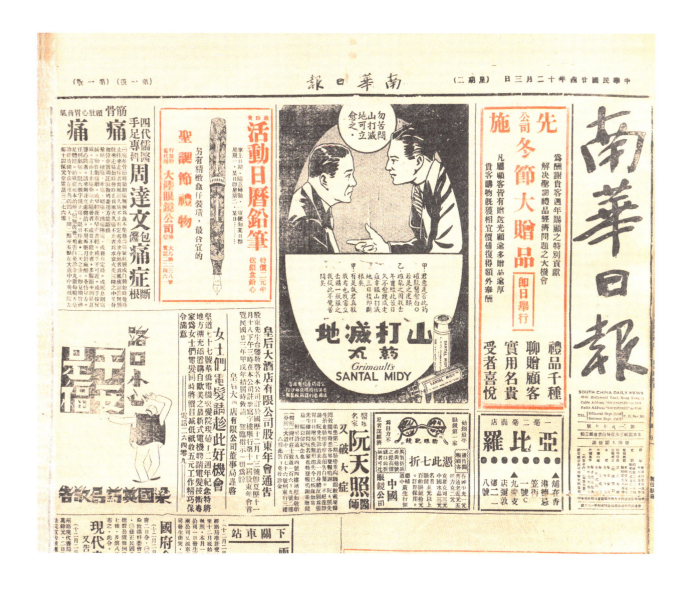

443 南华日报

1930年2月在香港创刊，汪精卫亲信林柏生任社长，陈公博、周佛海、梅思平、胡兰成等撰稿，曾以首载汪精卫叛国降日之"艳电"而闻名，终刊时间不详。对开。本馆藏起讫1931年1月—1937年9月。

385 中山日报

广州出版，原名《广州民国日报》，1937年1月改现名，后成为汪伪广东省政府机关报，抗战胜利后被国民党接管。对开。本馆藏起讫1941年4月—1948年4月。

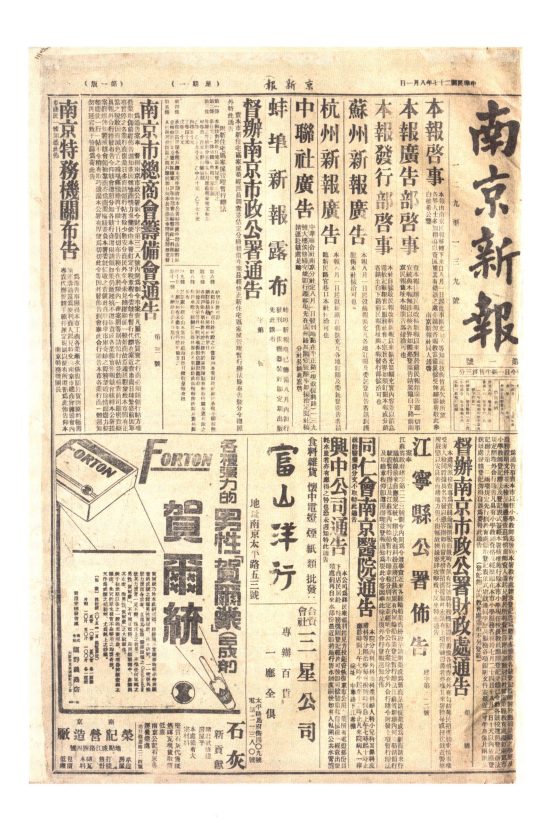

432及673 南京新报（日报）

　　1938年8月1日在南京创刊，是伪"中华民国维新政府"机关报。1941年10月改为"民国日报"，成为汪伪政府机关报，至1945年3月终刊。该报着重报道伪政权统治区内的新闻。对开。本馆藏完整。

6. 海外报纸

416 公理报

　　1911年春在菲律宾马尼拉创刊，初为同盟会菲律宾分会机关报，中、英文报头。林森题写中文报头。对开。本馆藏1940、1947年。

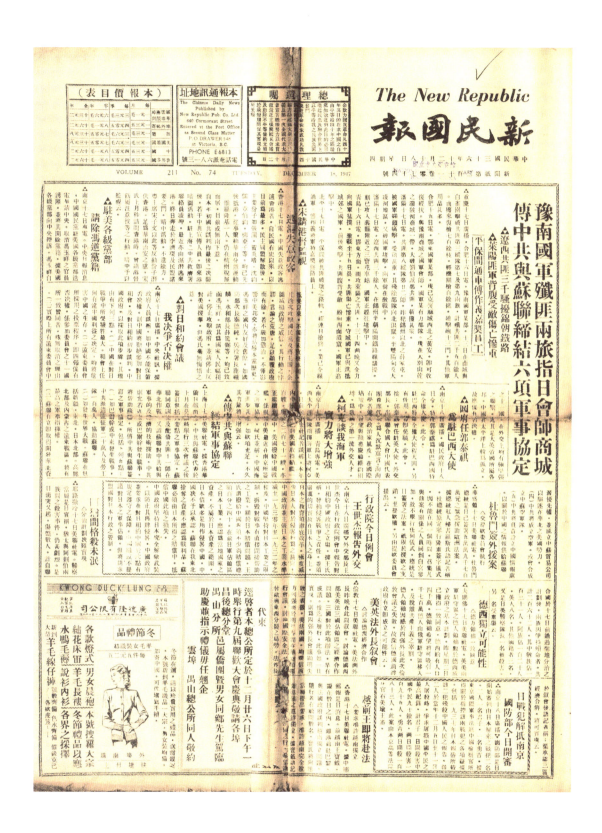

583 新民国报

加拿大维多利亚：国民党驻加拿大总支部主办，约1914年创刊，冯自由曾任名誉总编辑，谢英伯、陈树人等先后主持笔政。主要栏目有中国要闻、国际要闻、广东新闻、侨界新闻。对开，本馆藏起讫1947年11月—1948年10月。

358 国民日报

美国旧金山，大约创刊于抗战时期，黄仁俊曾任社长兼总经理。中、英文报头。蒋介石题写中文报头。对开8版。本馆藏起讫1946—1949年。

328 中原晚报

泰国曼谷，社长：潘守仁，总编辑：陈毓泰，创、停刊日期不详。中、英文报头。对开，本馆藏起讫1948年10月—1949年4月。

四、特种文献

　　民国文献除了大宗的图书、期刊、报纸外，还包括零星之函札、手稿、舆图、字画、海报、传单、声像制品、公文档案、契约票据等，姑称之为特种文献。本馆馆藏中部分特种文献，经过整理，已作为普通文献，归入相应各类图书中。然仍有相当数量的文献，特别是金石拓片、书画卷轴等未及系统整理编目。兹从馆藏中撷取吉光片羽，以飨读者。

工作競賽推行委員會用箋

復璁 先生勛鑒

本會訂於本年十月一日上午九時假國府路香舖營中央文化

運動委員會內中正堂舉行第四屆全國工作競賽給獎典禮承荷

惠賜 題 詞 至深公感除刊登給獎典禮特刊以廣宣傳外特函

申謝敬頌

勛祺

工作競賽推行委員會 啓三十五年九月　日

第　頁

京秘
181三

中華民國　年　月　日

國立圖書館

蔣復璁 先生

工作競賽推行委員會緘

南京碑亭巷一二號　電話二一二八九號

未编　蒋复璁收函

　　蒋复璁（1898—1990），号慰堂，浙江海宁人。北京大学哲学系毕业。历任中央图书馆筹备处主任、馆长，1949年后任台北"中央图书馆"馆长、"故宫博物院"院长。此为各方致蒋复璁信札。

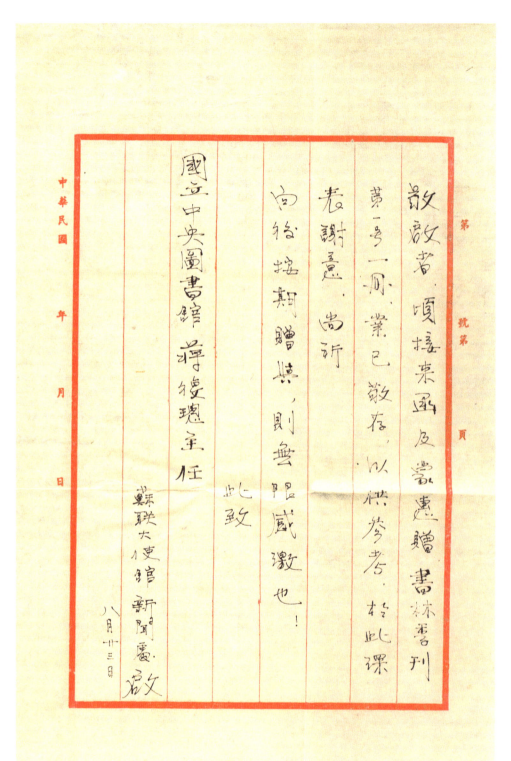

敬啟者，頃接來函及蒙惠贈書林彙刊

第一号一冊，業已敬存，以供參考，特此謹

表謝意，當祈

向後按期贈與，則無任感激也！

此致

國立中央圖書館 蔣復璁主任

國立中央圖書館

蔣復璁先生 敬

蘇聯國駐華大使館緘

蘇聯大使館 新聞處 敬

八月廿三日

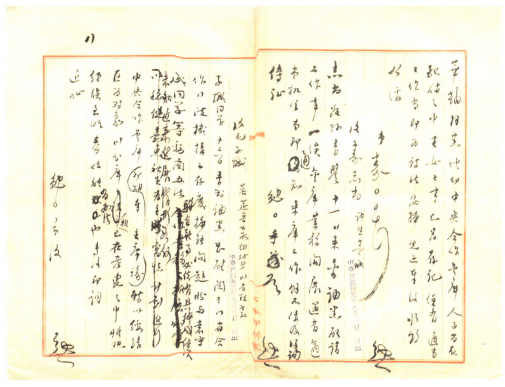

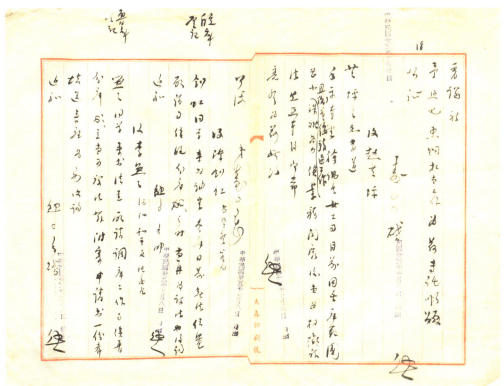

未编 寿勉成发函录存

　　寿勉成（1901—1966），号松园，浙江诸暨人。留美经济学硕士。曾任复旦大学、安徽大学、中央政治学校教授，经济部、社会部合作事业管理局局长，著有合作经济著作多种。此为1946年9—11月寿勉成任中央合作金库总经理前后发出信函的留底存档，共7页。

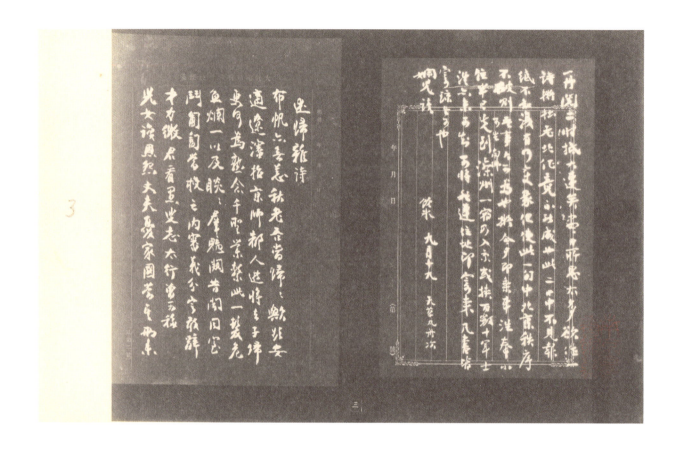

85290 梁启超书信

梁启超书信黑白摄影照片合计188张，横32开。其中，1911年9张、1913年55张、1915年45张、1916年40张、1922—1925年39张，分装在五只钤有"北平图书馆Metropolitan Library,Peking,China"印章的牛皮纸信封内。部分照片印有"涵芬楼制"字样，当为民国时期商务印书馆所摄制。

351186 孙中山先生实业计划图（一幅）

　　孙中山计划，苏甲荣作图，上海：日新舆地学社1929年9月版，53.0×77.8cm，封套14.7×26.5cm。《实业计划》为孙中山《建国方略》的第二部分，即《物质建设》，约著于1919年，论及交通、工业、农业等方方面面，其中，铁路、港口、内河航运尤为计划之重点。

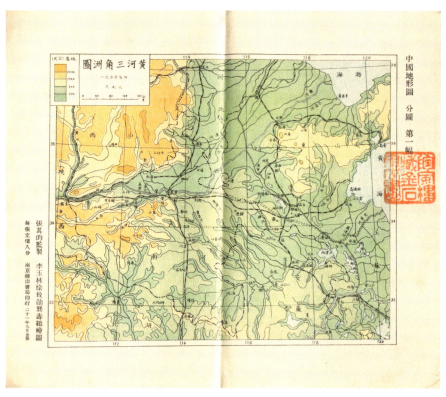

101179 中国地形图分图（四幅）

张其昀监制，李玉林、徐致勋、龚寿鹤绘图，南京：钟山书局，1932年9月石印。30.4×25.5cm。四图依次为"黄河三角洲图"、"大湖区域图"、"大江三角洲图"、"东南沿海区图"，钤"陶风楼藏金石舆图"朱印。

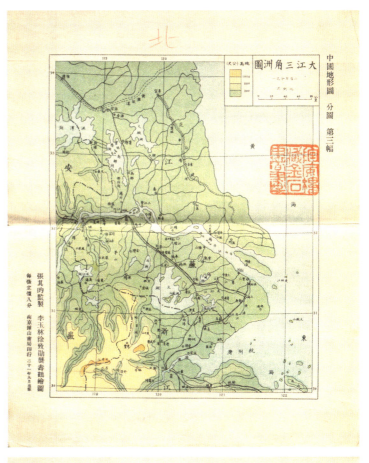

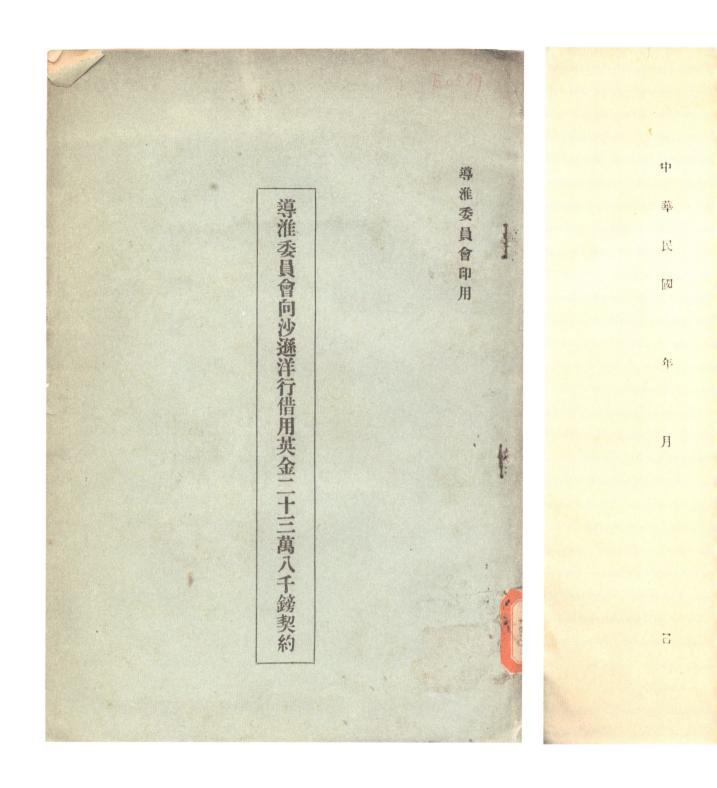

導淮委員會向沙遜洋行借用英金二十三萬八千鎊契約

導淮委員會印用

中華民國　年　月　日

F810.5／8　导淮委员会向沙逊洋行借用英金二十三万八千镑契约

16开，正文6页。

此为1934年12月7日，国民政府导淮委员会与管理中英庚款董事会订立之向沙逊洋行借用英金二十三万八千镑的契约。

導淮委員會向沙遜洋行借用英金二十三萬八千鎊契約

立契約者導淮委員會爲一方（以下簡稱導淮會）沙遜洋行爲他方因導淮會淮財政部之同意於中華民國二十三年十二月七日與管理中英庚款董事會（以下簡稱董事會）訂立借用庚款之中提出一部份爲導淮二年施工計劃借款約計國幣九百三十萬元之契約並經訂定於上言借款之中提出一部份爲導淮會借用商業借款英金二十三萬八千鎊之擔保導淮會今向沙遜洋行借用英金二十三萬八千沙遜洋行今願以英金二十三萬八千鎊（以下稱本借款）借與導淮會茲經董事會之同意雙方訂定借款條件如左

第一條　本借款專充導淮會完成二年施工計劃之用其情形見於上言董事會借款契約中

第二條　本借款總額爲英金二十三萬八千鎊

第三條　本借款母金沙遜洋行以九五折撥付之

第四條　自民國二十六年一月一日起本借款之還本付息均從導淮會向董事會借用各該年月英國退還中國部份庚款內撥付換言之即該董事會於各該年月收到中國部份英國退還庚款十五分之二
　　自交款之後至還本開始時之利息均從導淮會借到金部現金部份約一百零八萬七

管理中英庚款董事會允將導淮委員會可借自民國二十六年一月一日起之國內到期部份即佔國內現金全部份十五分之二予以保留備付民國二十六年一月一日以後導淮委員會應償還沙遜洋行借款之本息並依約定每期除預扣九整週息後撥交導淮委員會借用庚款保管委員會董事並允自導淮會可借現金部份約華幣一百零八萬七千元內撥交保管委員會自借款之日起至還本開

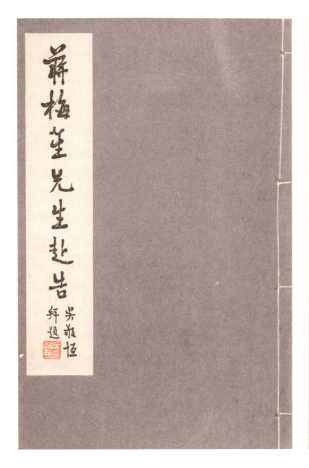

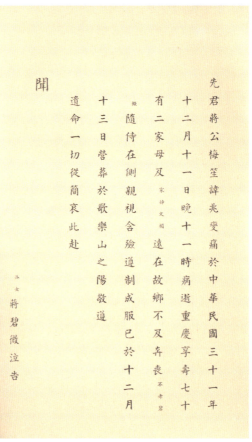

未编 蒋梅笙先生讣告

　　吴敬恒题签，1941年12月。18.8×
28.8cm，正文8页，附录1页，线装。

　　收录蒋梅笙遗像、行述，陈立夫、张
道藩等同撰之"宜兴蒋梅笙先生追悼会缘
起"，及女蒋碧微哀启。

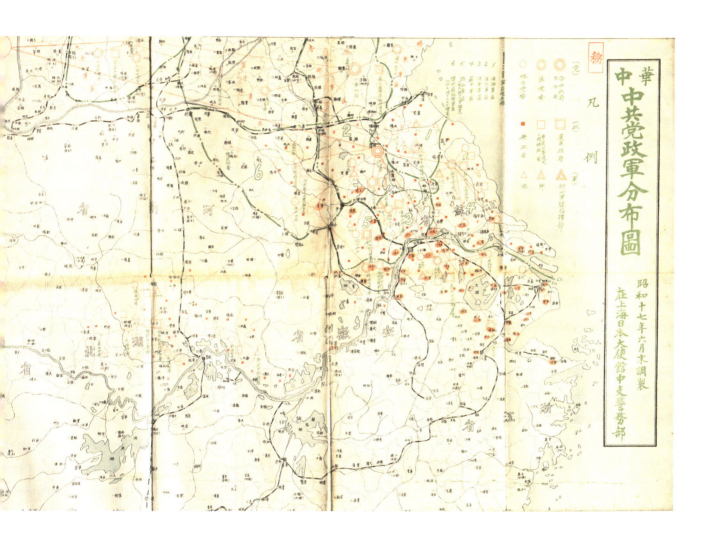

K265-64／2 华中中共党政军分布图

　　上海：日本大使馆中支警务部，昭和十七年（1942）六月末调制，45.8×68.9 cm。该图右上方印有"秘"字，详细标明华中中共党政军各机构的精确分布位置，是日本侵华的重要物证。图的背面钤"东亚同文书院大学东亚研究部藏书印"。

未编 衢县廖世星先生六十征文启

沈鸿烈题签，1946年12月。15×25cm，内页红字，5页，线装。

征启发起人有吕公望、褚辅成、黄绍竑等社会名流。按：廖世星之子廖昌光时任浙江省参议会议员。

山再造浙土重光舉國欣欣固宜振筆揚仁以光盛美伏望　諸公
發鸞噦之音攬鳳苞之采播諸笙歌蔚爲典冊用開難老之先聲預
作期頤之左劵謹布蕪辭至希　藻鑒

中華民國三十五年十二月　吉日

發起徵文者（以簽名先後爲序）

呂公望　李超英　林樹藝　徐巽華　侯振夏
張　強　皮作瓊　杜岩雙　徐　浩　馮大椿
雷法章　伍廷颺　朱啓佑　楊　建　虞夢周
褚輔成　許宗武　方青儒　譚訃全　鄭鶴倖
沈鴻烈　李立民　陳景陶　姜卿雲　楊　雲
黃紹竑　黃祖培　余紹宋　莫定森　趙詠八
宣鐵吾　竺鳴濤　吳望伋　陳　詒　沈潛龍
陶　廣　石楚琛　惲寶懿　金越光　陳仲達
羅霞天　阮毅成　張協成承　黃　浩　趙建新
鄭文禮　陳寶麟　趙　琛　許廑父　葉倫機

同啓

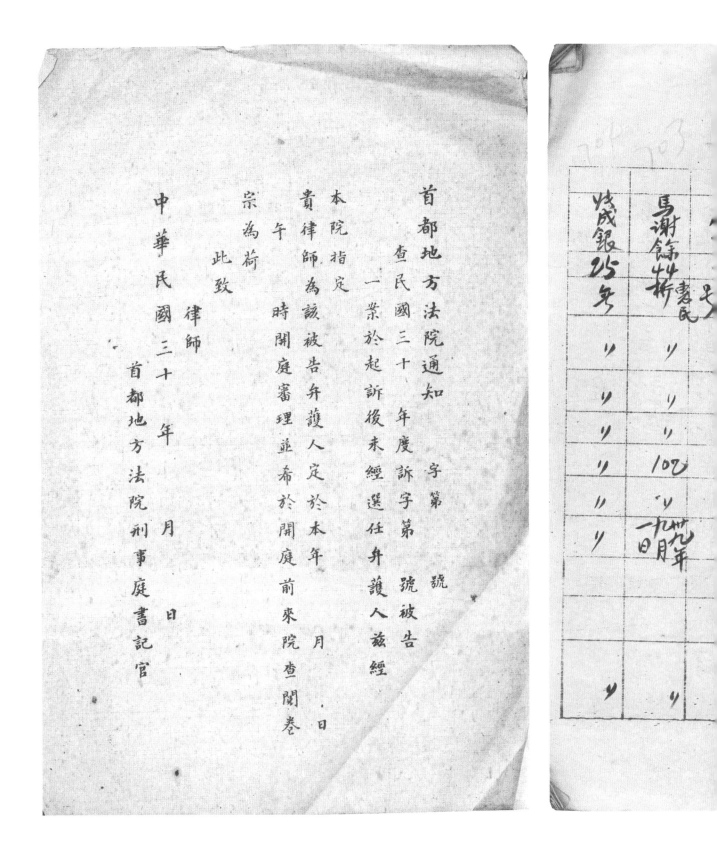

首都地方法院通知　字第　　號

查民國三十　年度訴字第　　號被告

一案於起訴後未經選任辯護人茲經

本院指定

貴律師為該被告辯護人定於本年　　月　　日

午　　時開庭審理並希於開庭前來院查閱卷

宗為荷

此致

　律師

中華民國三十　年　　月　　日

首都地方法院刑事庭書記官

未编　首都地方法院开庭通知单和执行登记表

　　首都地方法院即南京地方法院，是民国时期省市一级的法院。此为1947年首都地方法院刑事庭开庭传票样式和判决执行记录。

備考	執行滿期日	羈押後執行金	執行滿期日	撤刑日數	羈押日數	起執行日	刑期	刑名	罪名	住居兩	人犯姓名年齡	送行號數
勤	八年九月廿日		117	ノ		徒刑廿六年三月廿日	一年		毒品		陳炳民 28	
勤	八年十月廿日		50	ノ		廿六年九月廿九日	全		過失致死	大西街	昌申山 51	
芳	八年十月廿日		103	ノ		廿六年九月廿九日	全		致死		董雲素 24	
勤	八年七月廿二日		81	ノ		徒刑廿六年三月十二日	三月		鴉片	年	傅東義 24	
义	五年三月廿三日		95	ノ		徒刑廿六年八月一日	八月		鴉片	龍虎	洪嘎鸣	鋪

勤	廿六年八月廿五日		103	ノ		徒刑廿六年十二月	三年		毒品	路	陳炳明 43	
义	廿六年十二月八日		37	ノ		徒刑廿六年六月廿七日	六月		鴉片	橋	陳克華 47	鋪
义	廿六年九月六日		42	ノ		徒刑廿六年八月十二日	七月		竊盜		許文才 29	鋪

包車價目表

時間（包車）

時間	車價（元／角）
第一小時	一元四角
第二小時	二元〇角
第三小時	二元〇角
半日（五小時）	二元〇角
全日（十小時）	三元〇角

路程

路程	車價（元／角）
靈竺至拱宸	四元五角
淨寺至城站	二元五角
岳墳至城站	二元〇角
靈竺至城站	二元〇角
靈竺至公園	一元五角
靈竺至岳墳	一元〇角
靈竺至淨寺	一元五角
靈隱至閘口	四元〇角
湖濱至虎跑	三元〇角
湖濱至南星	二元〇角
湖濱至拱宸	三元〇角
湖濱至城站	一元〇角
湖濱至淨寺	一元五角
湖濱至松木場	一元〇角
湖濱至公園	一元〇角
湖濱至岳墳	一元〇角
湖濱至玉泉	一元五角
湖濱至靈竺	一元五角

名片正文

解決代步問題

君欲僱汽車代步麼？

請向本社接洽代僱各公司汽車并不另取手續費

中國旅行社杭州分社

湖濱路五十六號

電話西字五百號

未编 中国旅行社杭州分社包车价目名片

中国旅行社是民国时期最有影响的、也是唯一的一家全国连锁经营的大型旅游企业集团。1927年6月由陈光甫在上海正式创办，业务涵盖客货运输、导游、膳宿、出版及出国留学等社会服务，在国内外设有数十个分社，杭州分社即为其一。

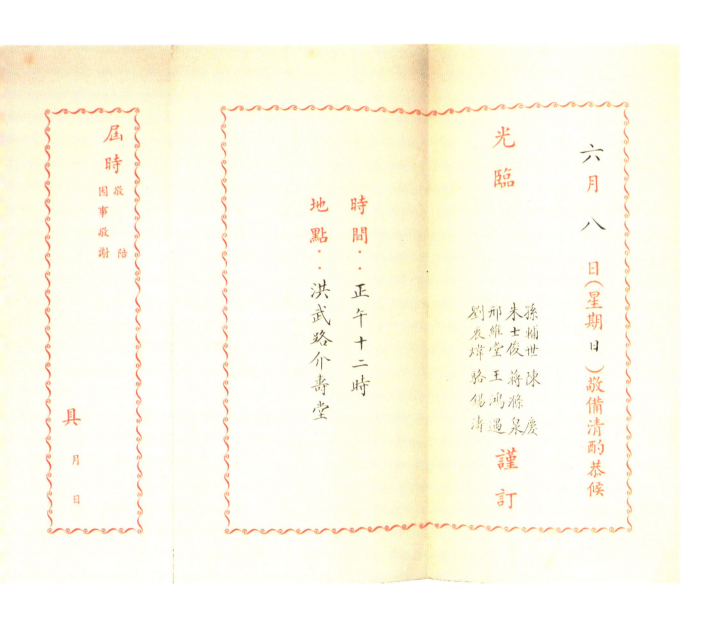

未编　请柬（受请人张华甫）

　　受请人张含英（1900—2002），字华甫，美国康奈尔大学土木工程硕士。民国时期曾任黄河水利委员会秘书长、总工程师、委员长，北洋大学校长。新中国成立后，任水利部副部长、中国水利学会理事长。

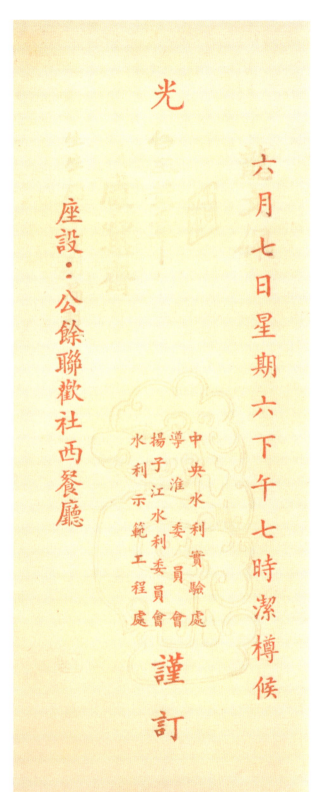

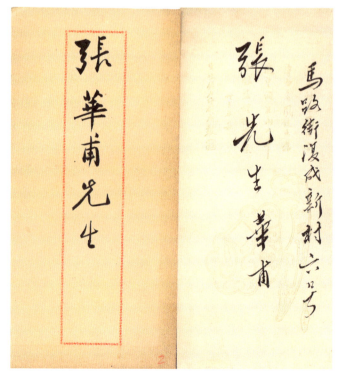

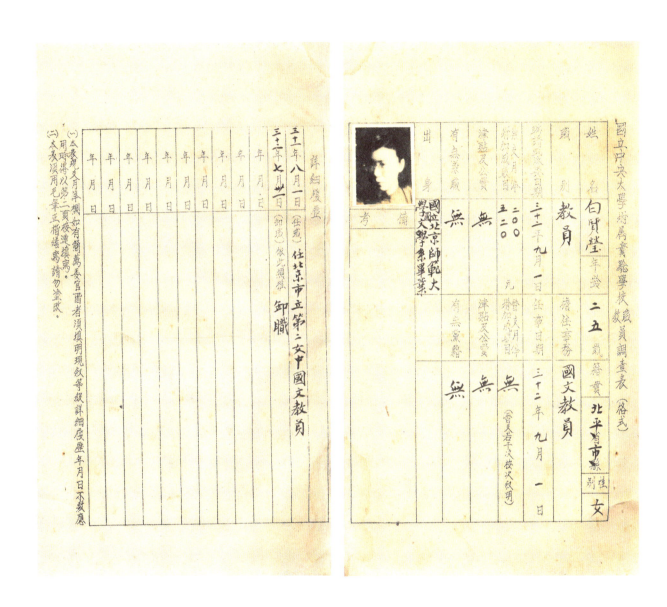

　　白质莹，女，北平人。（汪伪）国立北京师范大学文学系毕业。1943年9月1日任（汪伪）国立中央大学附属实验学校国文教员。

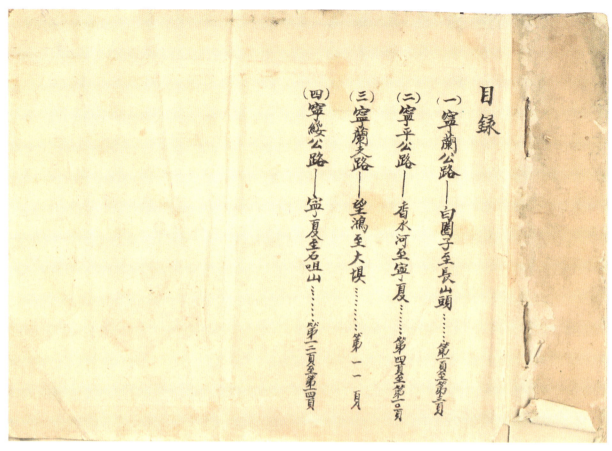

未编 宁夏省公路沿线照片集（题名为编者酌拟）

开本16.0×22.9cm，1册，线装。粘贴民国时期宁夏通往兰州、北平、绥远等地公路沿线黑白照片100帧，附宁夏省公路地图2幅、宁夏省建成公路一览表2张。

（三）靈蘭支路——望瀦堡至大壩

（二）漢渠退水闸橋　　（一）葉堡昇橋

（四）大堤橋　　（三）漢堤橋

第一一頁

（六）老鼠溝南　　（五）洞子濟之三

（八）邊墙溝　　（七）老鼠溝北

未编　南京造币分厂房屋机械图

　　硬面相册，27.3×35.4cm，共粘贴41张照片，包括该厂主要车间、部门及其建筑等。卷首有该厂铸造科长蔡紫丞（一名蔡锦镕）1930年5月手书之该厂沿革（先后名银元局、度支部江南造币厂、财政部造币总厂、财政部南京造币厂、财政部江南造币厂等）。

五、外文文献

本馆藏古旧外文文献24.6万册，其中绝大部分为民国文献。语种以英文、日文、俄文为主，兼及德文、法文、意大利文、西班牙文、朝鲜文等。文献类型涵盖图书、期刊、报纸等，内容以人文和社科为主。其主要来源为上海日本东亚同文书院图书馆、上海日本近代科学图书馆、英国文化委员会和国民党中央政治学校（国立政治大学）旧藏，内中多国内罕见版本。

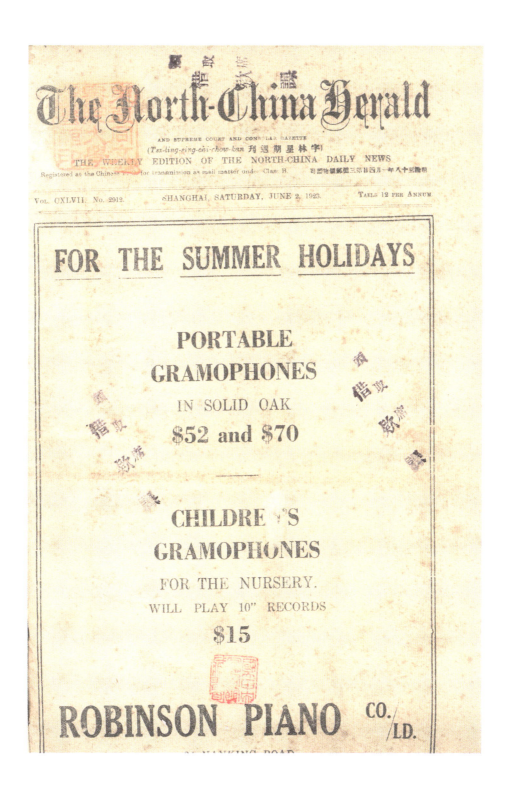

000136020 *The North China Herald* 北华捷报（一名字林星期周刊）

　　大16开，数十页至百余页不等。1850年8月3日英国人在上海创刊（周刊），1864年7月1日改名《字林西报》（日报），《北华捷报》转为其每周增刊。该报同英国派驻上海的外事机关和租界当局保持密切联系，被外人称之为"英国官报"，以刊载通讯报道、时事新闻和有关中国的军事情报为主，至1951年3月31日停刊。本馆藏1923年等年份。

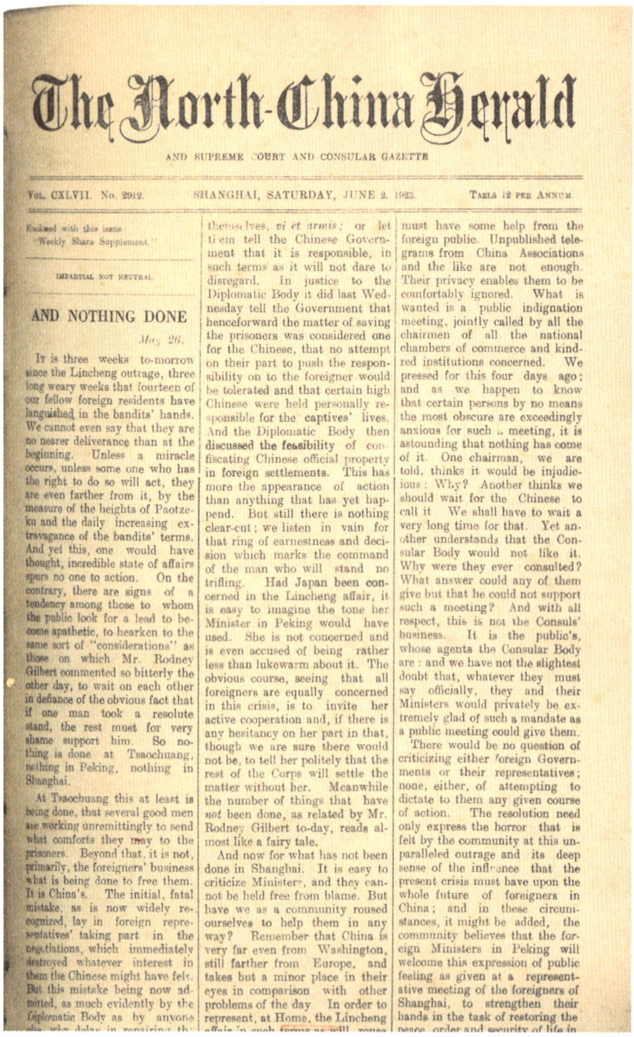

The North-China Herald

AND SUPREME COURT AND CONSULAR GAZETTE

Vol. CXLVII. No. 2912. SHANGHAI, SATURDAY, JUNE 2, 1923. Taels 12 per Annum

Enclosed with this issue:
"Weekly Share Supplement."

IMPARTIAL NOT NEUTRAL

AND NOTHING DONE

May 26.

It is three weeks to-morrow since the Lincheng outrage, three long weary weeks that fourteen of our fellow foreign residents have languished in the bandits' hands. We cannot even say that they are no nearer deliverance than at the beginning. Unless a miracle occurs, unless some one who has the right to do so will act, they are even farther from it, by the measure of the heights of Paotzeku and the daily increasing extravagance of the bandits' terms. And yet this, one would have thought, incredible state of affairs spurs no one to action. On the contrary, there are signs of a tendency among those to whom the public look for a lead to become apathetic, to hearken to the same sort of "considerations" as those on which Mr. Rodney Gilbert commented so bitterly the other day, to wait on each other in defiance of the obvious fact that if one man took a resolute stand, the rest must for very shame support him. So nothing is done at Tsaochuang, nothing in Peking, nothing in Shanghai.

At Tsaochuang this at least is being done, that several good men are working unremittingly to send what comforts they may to the prisoners. Beyond that, it is not, primarily, the foreigners' business what is being done to free them. It is China's. The initial, fatal mistake, as is now widely recognized, lay in foreign representatives' taking part in the negotiations, which immediately destroyed whatever interest in them the Chinese might have felt. But this mistake being now admitted, as much evidently by the Diplomatic Body as by anyone else, why delay in repairing th[illegible] themselves, *vi et armis*; or let them tell the Chinese Government that it is responsible, in such terms as it will not dare to disregard. In justice to the Diplomatic Body it did last Wednesday tell the Government that henceforward the matter of saving the prisoners was considered one for the Chinese, that no attempt on their part to push the responsibility on to the foreigner would be tolerated and that certain high Chinese were held personally responsible for the captives' lives. And the Diplomatic Body then discussed the feasibility of confiscating Chinese official property in foreign settlements. This has more the appearance of action than anything that has yet happend. But still there is nothing clear-cut; we listen in vain for that ring of earnestness and decision which marks the command of the man who will stand no trifling. Had Japan been concerned in the Lincheng affair, it is easy to imagine the tone her Minister in Peking would have used. She is not concerned and is even accused of being rather less than lukewarm about it. The obvious course, seeing that all foreigners are equally concerned in this crisis, is to invite her active cooperation and, if there is any hesitancy on her part in that, though we are sure there would not be, to tell her politely that the rest of the Corps will settle the matter without her. Meanwhile the number of things that have *not* been done, as related by Mr. Rodney Gilbert to-day, reads almost like a fairy tale.

And now for what has not been done in Shanghai. It is easy to criticize Ministers, and they cannot be held free from blame. But have we as a community roused ourselves to help them in any way? Remember that China is very far even from Washington, still farther from Europe, and takes but a minor place in their eyes in comparison with other problems of the day In order to represent, at Home, the Lincheng affair in such terms as will rouse [illegible] must have some help from the foreign public. Unpublished telegrams from China Associations and the like are not enough. Their privacy enables them to be comfortably ignored. What is wanted is a public indignation meeting, jointly called by all the chairmen of all the national chambers of commerce and kindred institutions concerned. We pressed for this four days ago; and as we happen to know that certain persons by no means the most obscure are exceedingly anxious for such a meeting, it is astounding that nothing has come of it. One chairman, we are told, thinks it would be injudicious: Why? Another thinks we should wait for the Chinese to call it We shall have to wait a very long time for that. Yet another understands that the Consular Body would not like it. Why were they ever consulted? What answer could any of them give but that he could not support such a meeting? And with all respect, this is not the Consuls' business. It is the public's, whose agents the Consular Body are: and we have not the slightest doubt that, whatever they must say officially, they and their Ministers would privately be extremely glad of such a mandate as a public meeting could give them.

There would be no question of criticizing either foreign Governments or their representatives; none, either, of attempting to dictate to them any given course of action. The resolution need only express the horror that is felt by the community at this unparalleled outrage and its deep sense of the influence that the present crisis must have upon the whole future of foreigners in China; and in these circumstances, it might be added, the community believes that the foreign Ministers in Peking will welcome this expression of public feeling as given at a representative meeting of the foreigners of Shanghai, to strengthen their hands in the task of restoring the peace, order and security of life in

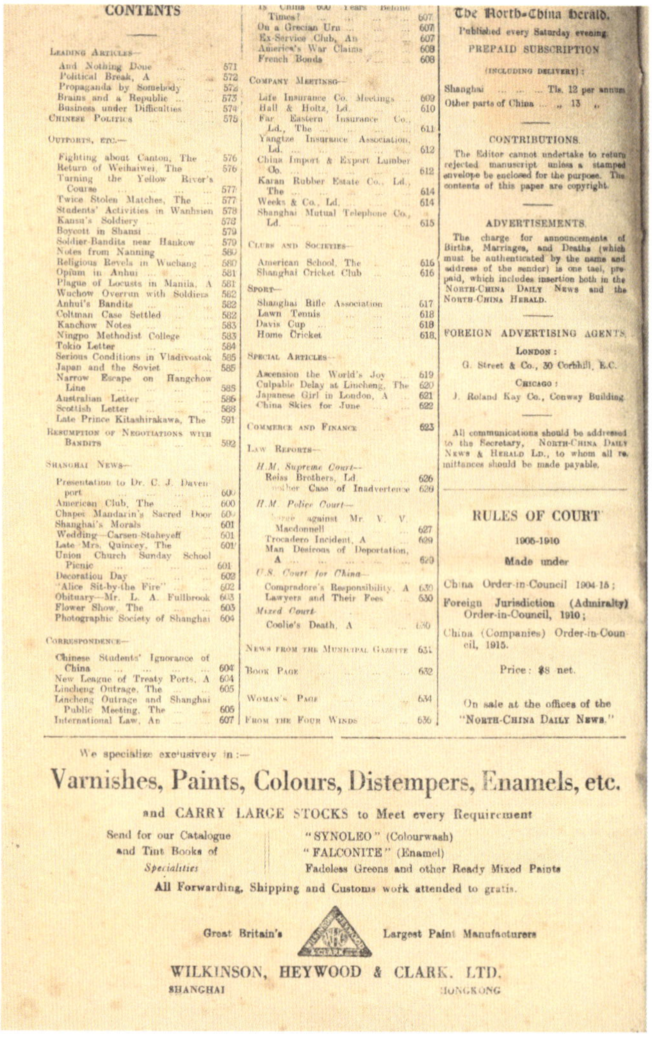

CONTENTS

The North-China Herald.
Published every Saturday evening.
PREPAID SUBSCRIPTION
(including delivery):

Shanghai ... ... Tls. 12 per annum
Other parts of China ... „ 13 „

CONTRIBUTIONS.

The Editor cannot undertake to return rejected manuscript unless a stamped envelope be enclosed for the purpose. The contents of this paper are copyright.

ADVERTISEMENTS.

The charge for announcements of Births, Marriages, and Deaths (which must be authenticated by the name and address of the sender) is one tael, prepaid, which includes insertion both in the North-China Daily News and the North-China Herald.

FOREIGN ADVERTISING AGENTS.

London:
G. Street & Co., 30 Cornhill, E.C.

Chicago:
J. Roland Kay Co., Conway Building.

All communications should be addressed to the Secretary, North-China Daily News & Herald Ld., to whom all remittances should be made payable.

RULES OF COURT

1905-1910

Made under

China Order-in-Council 1904-15;
Foreign Jurisdiction (Admiralty) Order-in-Council, 1910;
China (Companies) Order-in-Council, 1915.

Price: $8 net.

On sale at the offices of the "North-China Daily News."

000136905等 *Millard's Review or The China Weekly Review* 密勒氏评论报（一名中国每周评论）

　　大16开，每期约40页，1917年6月9日在上海创刊，为英文周报，美国人密勒、鲍威尔历任主编，以大胆评论和真实报道中国及远东政治时事而闻名，刊名屡有变易，1941年12月被日军查封，1945年10月复刊，1953年6月停刊。本馆藏1923、1932年等年份。

報 論 評 氏 勒 密
The China Weekly
REVIEW
Formerly Millard's Review

中华邮政特准挂号认为新闻纸之报纸

Registered at the Chinese Post Office as a Newspaper for transmission with special marks privileges in China.

| Volume 61 | Shanghai, China, Saturday, June 4, 1932 | Number 1 |

THE CHINA WEEKLY REVIEW
Formerly Millard's Review
Cable Address "REVIEWING SHANGHAI"

PUBLISHED AT No. 10 AVENUE EDWARD VII, SHANGHAI, CHINA, BY MILLARD PUBLISHING COMPANY, INCORPORATED UNDER THE LAWS OF THE STATE OF DELAWARE, UNITED STATES OF AMERICA.

J. B. POWELL, Editor and Publisher; GEO. W. MISSEMER Asst. Editor; HOH CHIH-HSIANG, Asst. Editor; TEYPBON KU, Advertising Dept.; F. K. CHAO, Business Dept.

CONTRIBUTING EDITORS
C. Y. W. MENG   DANIEL J. LEE
S. C. YANG (Dairen)   CHANG YA-CHUEN
MARK M. LU (Honan)   FLORENCE WONG
(London)

COMMUNICATIONS PERTAINING TO SUBSCRIPTIONS OR ADVERTISING IN CHINA IS ADDED SHOULD BE ADDRESSED TO THE CHINA WEEKLY REVIEW AT 10 AVENUE EDWARD VII, SHANGHAI, CHINA. TELEPHONE 11177. CABLE ADDRESS "REVIEWING SHANGHAI."

CONTENTS OF PREVIOUS ISSUES OF THE CHINA WEEKLY REVIEW MAY BE FOUND IN THE "INTERNATIONAL INDEX TO PERIODICALS" COPIES OF WHICH ARE ON FILE IN MOST STANDARD LIBRARIES.

WASHINGTON OFFICE
J. J. Underwood—Correspondent
Colorado Building, Washington, D. C.

JAPANESE STILL HOLDING KOREAN NATIONALIST, C. H. AHN

C. H. AHN or Ahn Chang-ho, the Korean nationalist who was arrested by the local Japanese authorities following the bombing episode at Hongkew park, is still being held a prisoner at the Japanese Consulate-General in Shanghai despite the fact that Mr. Ahn is a naturalized Chinese citizen and despite the further fact that the Japanese have no legitimate reason whatever for holding him. Mr. Ahn left Korea before that unfortunate country was annexed by the Japanese and for nearly thirty years has resided in China and the United States. He became a naturalized Chinese citizen in July, 1932. His wife and children who are American citizens reside in Los Angeles and his brother-in-law, Dr. C. S. Kim is a graduate student at Johns Hopkins University. C. S. Allman, American attorney who has been retained in Mr. Ahn's behalf has thus far not succeeded in obtaining any definite statement from the Japanese authorities as to their reason for holding Mr. Ahn, except that he is a Korean who never has registered with the Japanese authorities. Apparently this is a crime in the opinion of the Japanese authorities, who according to report are planning to send Ahn to Korea or Japan for trial where it obviously will be impossible to send witnesses to give testimony in his behalf. The French authorities in Shanghai who assisted in Mr. Ahn's arrest, have likewise not gained any special honors from this case. According to the statement of Mrs. C. S. Kim, two French detectives on the afternoon of Friday, April 29 entered her house at 260 Route Vallon in the French Concession and forcibly took away Mr. Ahn's Chinese naturalization papers and passport, which they apparently handed over to the Japanese officials. As a result of this action the Ministry of Foreign Affairs at Nanking has lodged a strong protest with the French Consul-General here, but this apparently has brought no better results than the protests which have been lodged with the Japanese authorities. The Japanese do not seem to realize that the continued holding of Mr. Ahn merely serves to keep the spot-light centered on the Korean problem, the sore-spot in the Imperial Japanese Empire, which has been well labeled as the Achillean heel of Japanese imperialism.

June 4, 1932   THE CHINA WEEKLY REVIEW   11

Japanese S. M. R. Railway Benefits as Result of Chaos on C. E. R. Line
(From the Review's Special Correspondent)

Changchun, May 27.—

DESPITE the increasing number of their troops in Manchuria the Japanese expeditionary forces continue to find a great difficulty in their fighting the Chinese Self-Defence Army. The brigade of General Murray, that had operated along the eastern line of the C. E. R. came to Harbin to take a rest last week. New troops have been despatched from Harbin to reinforce the Japanese troops operating at several battle fronts. Several units of the 14 Japanese division are on their way to Harbin.

It is of considerable interest to note that the Japanese have been so far unsuccessful not only in their efforts to defeat the Chinese, but also in their efficient guarding of the eastern line of the C. E. R., used by the Japanese for transporting their troops, provisions, and war supplies. Both freight and passenger traffic on this line has been interrupted since about April 20 last. The line has been torn up at many places, a number of bridges were destroyed, and the loss, that is the sum of money to be expended for repair of the line, will amount to millions.

Without going into a discussion of the question of whether it is possible or not for the Japanese troops under the present circumstances of the guerilla warfare to defeat utterly the Chinese, we are going to say judging from our personal experience got in the past wars that with the number of troops which they have on the railway line maintaining order on the railway, so that the traffic would not be interrupted, is a thing quite possible for the Japanese.

By not using their best efforts to keep order on the C. E. R. the Japanese may be supposed to pursue their own interests in the lines, both political and economic. One of their political interests of the present moment seems to consist in bringing more troops and war munitions to Manchuria. So the disorder on the railway may be given out by them to the outside world as an excuse for bringing a great number of troops to this country. Moreover, if one looks at the map of Manchuria one will see that the Japanese troops, having their military bases at Harbin and Tsitsihar, in their fighting the Chinese are slowly but steadily moving towards the Soviet Manchurian border in three main directions: along the eastern line of the C. E. R., by the Sungari river, and the Hulai railway, and when events in the west of Harbin develop they will move also along the Tsitsihar-Keshan railway. Whether the advance of the troops as it is being directed by the Japanese is, from the strategic viewpoint, menacing to the Soviet Army on the border we shall leave for persons versed in strategics to judge, confining ourselves to mentioning that in their advance as described above and bringing more troops and war supplies to Manchurian centres the Japanese may have, besides the purpose of fighting the Chinese, some ulterior motive.

The Japanese economic interest is not maintaining traffic on the C. E. R. lies in that the South Manchurian railway and the port of Dairen are handling much of the cargo, that if the traffic were normal on the C. E. R. would be handled by it and by the Russian port of Egersheld. Thus, the Chinese Eastern railway and the port of Egersheld and the Ussuri railway are deprived of a considerable portion of their revenue in favor of the Japanese railway and the Japanese port of Dairen, which, of course, greatly displeases the Soviets.

Japan May Cause Movement in Mongolia

Russkoye Slovo, a local Russian daily paper devoted by the editor and publisher exclusively to things political, contained in one of the recent issues an article stating that the Japanese conquest is not to stop with Manchuria. The author of the article had it set in bold type on the first page of the paper that the Japanese plan includes also an idea providing for forming an independent buffer state of Mongolia. He further states in the article that events of great political significance may happen soon in Mongolia in the same way as they are taking place in Manchuria.

The Japanese Control the Administrative Establishments in Manchuria

The League's Enquiry Commission has been at its work in Harbin since the 9th of this month. The work of the Commission has been reported to consist at the present moment chiefly in making investigations as to the causes of the present Sino-Japanese conflict, and the causes for the establishment of the new state of Manchukuo, and in trying to find out what is the attitude of the population of Manchuria towards the new government of the country and the events taking place in connection with the setting up of the new government.

Japanese Advisers Are Administrators in Disguise

Making inquiries into the causes as stated above and watching closely the current events here the Commissioner cannot help considering how far the Japanese have gone in their attempt at taking possession of this rich and extensive country; for example the customs the work at all the administrative establishments in the country is now conducted under the direct command and control of Japanese advisers appointed by the new authorities. And these Japanese advisers are the actual administrators in disguise. To conceal the real state of things in the administrative offices from the Enquiry Commission a telegram from Changchun was sent to Harbin just before the arrival of the Commission in this city to the effect that all the foreign advisers should be dismissed from their offices. This, perhaps, means that the advisers are to keep away from their offices during the period of the Enquiry Commission's stay at Harbin, and are to resume their duties at Changchun on the Commission's departure from the city. The introduction of Japanese (in the local official terminology—foreign) advisers has been the only reform of administrative nature achieved by the new authorities since the new government was set up.

New Battle-Front Opened in Manchuria

While the League's Commission, the envoy of peace, is staying at Harbin and working for restoring peace, the desperate fighting that began on September 18, last year, is raging at many places in the fields of Manchuria, where the Self-Defence Kirin Army ever since the above said date has been opposing the army of the Japanese invaders. Battles are reported to be numerous and with heavy casualties on both sides. Rumors state that in a battle fought around the town Ilincheho on the eastern line of the C.E.R. 156 Japanese soldiers were killed, and several hundred on the Chinese side. Sometimes battles are fought simultaneously at many different places in the areas around the eastern line of the C.E.R., the Sungari river, and the Hulai railway. A new battle front opened of late to the north-west of Harbin, where a Japanese air-plane bombed a Chinese garrison at a village in Heilungkiang province. General Ma-Chan-Shan, governor of the province and concurrently Minister of War of the Government of Manchoukuo, rejecting the high post, declared himself an enemy of the government created by the invaders. New General Ma leads his 25,000 patriotic warriors against the Japanese expeditionary forces. His army is reported to be armed with a powerful artillery and has seven airplanes. At the outbreak of the conflict Gen. Ma, then Governor of the district of Sakhalian, and Deputy Governor of Heilungkiang Province, was in command of the Chinese forces defending Tsitsihar against the invaders. After offering a very strong resistance on the banks of the Noni river Gen. Ma withdrew his troops to the country to the north of Heilungkiang. And there with a view to further fighting the enemy he started to reorganize his army, to recruit soldiers and enlist volunteers who crowded to his staff looking on him as a national hero who could lead the Chinese people in their fight against the Japanese.

The Japanese Military Mission at Harbin headed by Colonel Doihara, seeing a strong champion of China in Gen. Ma, entered into negotiations with him, with the result that Gen. Ma, talked over, apparently, to his way of thinking by Gen. Chau Tsin-Kui and others, joined the

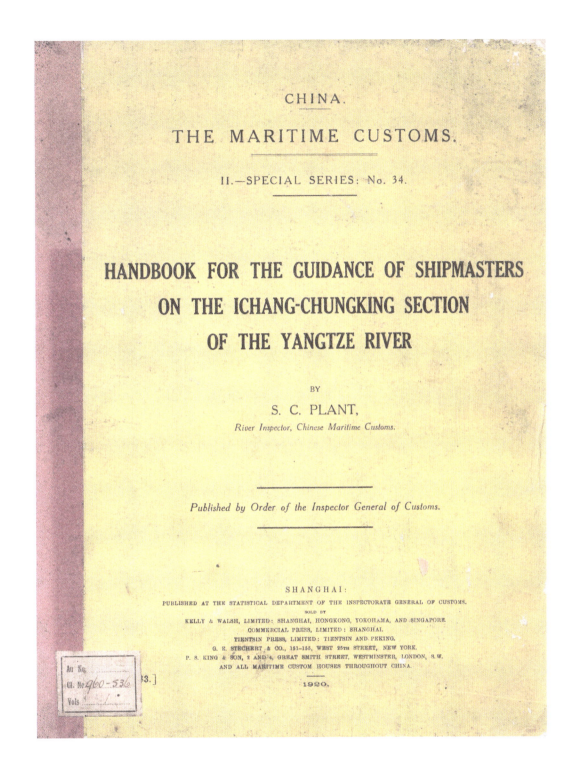

000056267　*Handbook for the Guidance of Shipmasters on the Ichang-Chungking Section of the Yangtze River* 长江上游宜昌—重庆段航行指南

　　〔英〕S.C.Plant（蒲兰田）编著，上海：中国海关总署1920年版，大16开，精装，91页。有多幅长江地形图。蒲兰田（1866—1921），英国航海家。曾任中国海关巡江工司，1893年起一直在长江沿线航行。

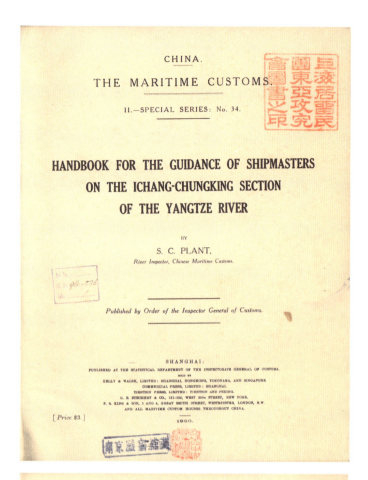

CHINA.

THE MARITIME CUSTOMS.

II.—SPECIAL SERIES: No. 34.

HANDBOOK FOR THE GUIDANCE OF SHIPMASTERS ON THE ICHANG-CHUNGKING SECTION OF THE YANGTZE RIVER

BY

S. C. PLANT,

River Inspector, Chinese Maritime Customs.

Published by Order of the Inspector General of Customs.

SHANGHAI:

PUBLISHED AT THE STATISTICAL DEPARTMENT OF THE INSPECTORATE GENERAL OF CUSTOMS.
SOLD BY
KELLY & WALSH, LIMITED: SHANGHAI, HONGKONG, YOKOHAMA, AND SINGAPORE
COMMERCIAL PRESS, LIMITED: SHANGHAI
TIENTSIN PRESS, LIMITED: TIENTSIN AND PEKING.
G. E. STECHERT & CO., 151–155, WEST 25TH STREET, NEW YORK.
P. S. KING & SON, 2 AND 4, GREAT SMITH STREET, WESTMINSTER, LONDON, S.W.
AND ALL MARITIME CUSTOM HOUSES THROUGHOUT CHINA.

[Price $3.]

1920.

TABLE OF CONTENTS.

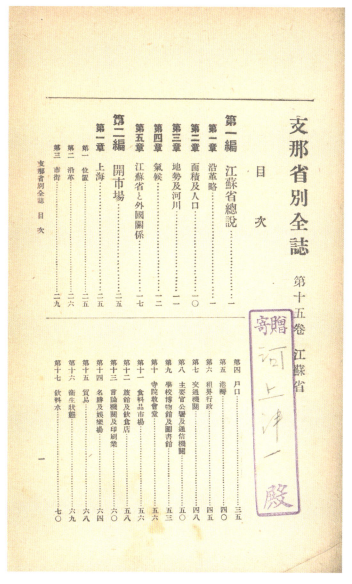

292-5-15　支那省别全志　第十五卷　江苏省（日文版）

　　东京：东亚同文会编印，大正九年（1920）八月发行。大32开，精装，合计1257页，有图表。卷首冠东亚同文会干事长小川平吉和东亚同文书院院长根津一序，正文分总说、开埠、贸易、都会、交通运输及邮电、主要物产及商业习惯、工业、输入品、商业机关、金融货币及度量衡等共十编。钤"上海东亚同文书院图书馆印"。

大正九年八月二十日印刷
大正九年八月廿五日發行

版權所有
不准飜譯

發行所

東京市赤坂區溜池二番地
著作者兼發行者　東亞同文會

右代表者　小川平吉
東京市麴町區飯田町二丁目三十三番地

印刷者　三澤善哉
東京市麴町區飯田町二丁目三十三番地

印刷所　兵林館
東京市赤坂區溜池二番地

發行所　東亞同文會
電話芝　一二一五番　一二一四番
振替東京　九七三〇番

支那省別全誌農業附
特　第一卷至第十八卷　十八冊　金四十五圓
　　第一卷至第九卷　九冊　金二十三圓四十錢
　　第十卷至第十八卷　九冊　金二十三圓四十錢
定實價

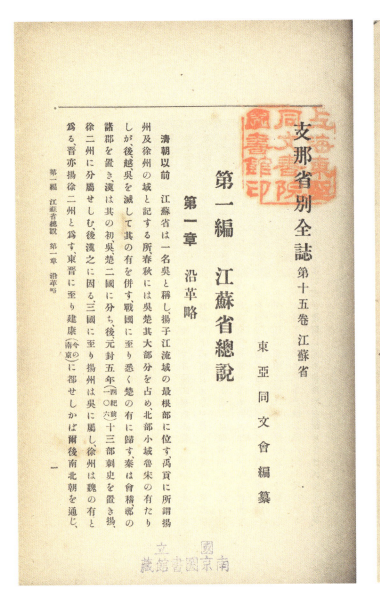

支那省別全誌　第十五卷　江蘇省

第一編　江蘇省總說

東亞同文會編纂

第一章　沿革略

清朝以前　江蘇省は一名吳と稱し、揚子江流域の最根部に位す禹貢に所謂揚州及徐州の域と記する所春秋には吳楚其大部分を占め、北部小域魯宋の有たりしが、後越吳を滅して其の有を倂す、戰國に至り悉く楚の有に歸す秦は會稽郡の諸郡を置き漢は其の初吳楚二國に分ち、後元封五年(西紀前一〇六)十三部刺史を置き揚徐二州に分屬せしむ、後漢之に因る三國に至り揚州は吳に屬し、徐州は魏の有と爲る、晉亦揚徐二州と爲す、東晉に至り建康(今の南京)に都せしかば爾後南北朝を通じ、

000136900等 *Chinese Economic Journal or Chinese Economic Journal and Bulletin or Chinese Economic Monthly* 中国经济月刊

北京/上海：工商部/实业部经济讨论处编印，32开，每期在100页以上。本馆藏1921、1923、1927、1936年。

613

CHINESE ECONOMIC JOURNAL

VOL. I. NO. 7.   **JULY, 1927**

Chinese Labor Migration to Manchuria

BY

C. WALTER YOUNG, M. A.

Daily in Dairen during the months of March and April hundreds of Chinese immigrants may be seen trudging from the wharves through the Japanese section to the Chinese quarter. Most of them are men, men of mixed ages. A goodly number wear their hair in the style sanctioned in pre-republican days. Behind them walk the women laboriously pegging along on bound feet. So with the girls, except the very youngest, for foot-binding in China has by no means been entirely abandoned. Of the women, some are very old, some very young, and all are swaddled in wadded garments. Nightfall probably will find them in Hsiaokangtzu where the less impecunious will pay ten coppers and up for lodging for the night. Others will sleep in the streets. The morrow will see them on the first stretch of the long and toilsome overland trek north into Manchuria.

Whence come these thousands of peasant immigrants? Whither their destination? What inducements draw them from home, these to whom the ancestral soil means so much? What are their hopes for bettering their welfare here across the Gulf from the Shantung peninsula? In these and kindred problems is a field for investigation which has rarely, if ever, been the subject of careful study and report in English, hardly more in Japanese or Chinese. Yet there is probably nowhere in the world today a migration similar in size or parallel in point of bearing on a new area of colonization and industrial exploitation.

The migration of Chinese laborers from Shantung and Chihli to Manchuria is a population movement which transcends the ordinary sphere of labor economics. It has become a factor for permanent colonization of Manchuria, a means of outlet for thousands, hundreds of thousands, of peasant people from over-populated Shantung and Chihli and other districts, a movement which has in it political as well as economic significance both for the Chinese and the Japanese, the latter of whom have political jurisdiction in Kwantung Leased Territory and in the South Manchuria Railway zone. The character of this annual migration, its historical antecedents, the motives for migration, the present extent and changing character of this migration, official encouragement and the facilities offered immigrants for travel on railways and steamships, occupation and destination of

000060541等 *The Naturalist in Manchuria* 博物学家在满洲（共3册）

〔英〕Arthur de Carle Sowerby（阿瑟·德·卡尔·索尔比）著，天津：英商天津印字馆有限公司1922、1923、1930年出版；16开，精装，合计955页（347+358+250），附大量图片。详细介绍中国东北的山川地貌和自然风物，尤着重野生动植物。钤"British Council Library"（英国文化委员会图书馆）藏书章。按：Sowerby（1885—1954），亦译作苏柯仁，英国博物学家。在中国出生、曾到中国东北采集自然标本。

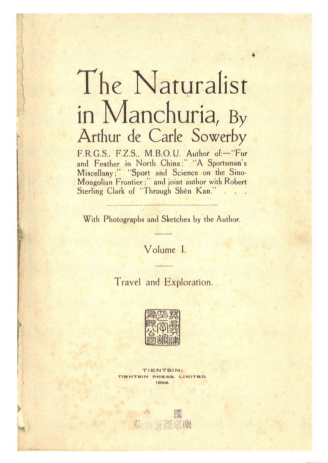

The Naturalist in Manchuria, By Arthur de Carle Sowerby

F.R.G.S., F.Z.S., M.B.O.U. Author of:—"Fur and Feather in North China;" "A Sportsman's Miscellany;" "Sport and Science on the Sino-Mongolian Frontier;" and joint author with Robert Sterling Clark of "Through Shèn Kan." . . .

With Photographs and Sketches by the Author.

Volume I.

Travel and Exploration.

TIENTSIN:
TIENTSIN PRESS, LIMITED.
1922.

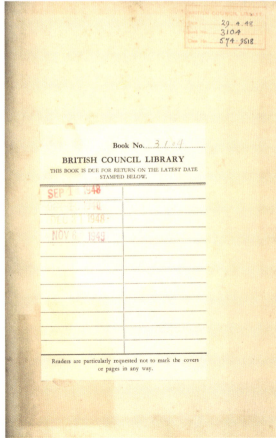

CONTENTS.

xi

CHINA IN THE GRIP OF THE REDS

This remarkable series of articles by a former Cossack officer, who served for two years as a Red Army intelligence officer in China, throws a lurid light upon the ambitious effort which Soviet Russia made to build up in China a Red regime. The fanatical and ruthless central figure, Borodin; the German soldier-adventurer Gallen; and the cruel and vicious Cheka agent, Petroff, stand out in these sketches as vivid personalities.

The scene of most of the events described is Hankow and the period is that immediately following the disastrous Chen-O'Malley negotiations. These sketches are of incalculable historical value in that they prove the character of the inspiration behind the Chinese "Nationalist Government" which Great Britain made such a futile and costly effort to conciliate.

000052601 *China in the Grip of the Reds*　赤党掌控下的中国

〔苏联〕Captain Eugene Pick（尤金·皮克）著，上海：北华捷报出版公司1927年8月版，大32开，46页。按：作者在中国大革命时期曾任鲍罗廷的助手，1927年背叛革命。本书为其向《北华捷报》的投稿之结集，所述事件多发生在汉口，对鲍罗廷、加仑等苏俄顾问着墨较多。

CHINA IN THE GRIP OF THE REDS

Sketches of the Extravagant Effort made by Soviet Russia to Set Up and control a Red Regime in China, with Strong Light Upon the Ruthless Character of Borodin and His Agents

BY

CAPTAIN EUGENE PICK

Late of the Red Army Intelligence Service in China

———

SHANGHAI,
NORTH-CHINA DAILY NEWS AND HERALD, LTD.
August, 1927

CAPTAIN EUGENE PICK
Late of the Red Army Intelligence Service in China

CONTENTS

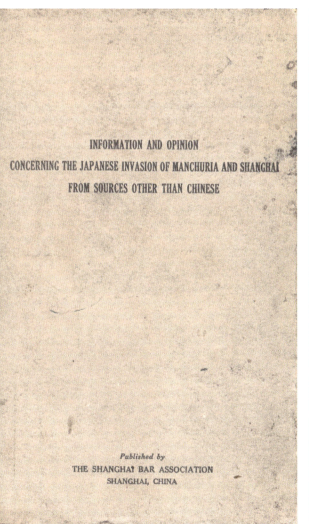

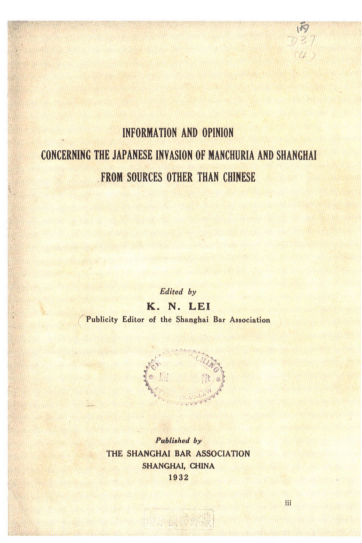

000078928 *Information and Opinion Concerning the Japanese Invasion of Manchuria and Shanghai from Sources other than Chinese* 外人对于日本入侵满洲和上海的看法

K.N.Lei（K.N.雷）编著，上海律师协会1932年版，大16开，精装，445页。

CONTENTS

TANAKA MEMORIAL

Memorial Presented to the Emperor of Japan on July 25, 1927, by Tanaka,
The Premier of Japan, Outlining the Positive Policy in Manchuria.
(The China Critic, Shanghai—Thursday, Sept. 24, 1931)

Since the European War, Japan's political as well as economic interests have been in an unsettled condition. This is due to the fact that we have failed to take advantage of our special privileges in Manchuria and Mongolia and fully to realize our acquired rights. But upon my appointment as premier, I was instructed specially to guard our interests in this region and watch for opportunities for further expansion. Such injunctions one cannot take lightly. Ever since I advocated a positive policy towards Manchuria and Mongolia as a common citizen, I have longed for its realization. So in order that we may lay plans for the colonization of the Far East and the development of our new continental empire, a special conference was held from June 27 to July 7 lasting in all eleven days. It was attended by all the civil and military officers connected with Manchuria and Mongolia, whose discussions result in the following resolutions. These we respectfully submit to Your Majesty for consideration.

General Considerations

The term Manchuria and Mongolia includes the provinces Fengtien, Kirin, Heilungkiang and Outer and Inner Mongolia. It extends an area of 74,000 square miles, having a population of 28,000,000 people. The territory is more than three times as large as our own empire not counting Korea and Formosa, but it is inhabited by only one-third as many people. The attractiveness of the land does not arise from the scarcity of population alone: its wealth of forestry, minerals and agricultural products is also unrivalled elsewhere in the world. In order to exploit these resources for the perpetuation of our national glory, we created especially the South Manchuria Railway Company. The total investment involved in our undertakings in railway, shipping, mining, forestry, steel manufacture, agriculture, and cattle raising, a scheme pretending to be mutually beneficial to China and Japan amount to no less than yen 440,000,000. It is veritably the largest single investment and the strongest organization of our country. Although nominally the enterprise is under the joint ownership of the government and the people, in reality the government has complete power and authority. In so far as the South Manchuria Railway Company is empowered to undertake

1

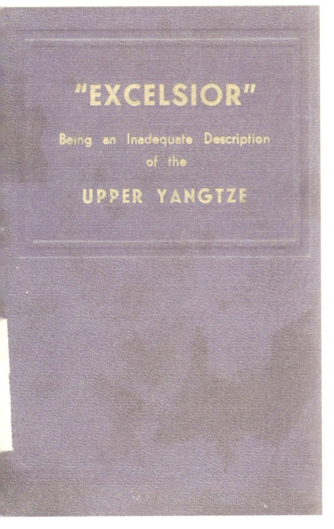

000046791 *"Excelsior":Being and Inadequate Description of the Upper Yangtze* 鬼斧神工——长江上游风貌一瞥

　　"Charon"（卡戎，一译卡伦）汇编，上海：北华捷报出版公司1934年版，小32开、精装，51页，有插图。按："Charon"，指古希腊冥河摆渡者。

Page 50

ULTIMA THULE—
CHUNGKING HIGH RIVER

"EXCELSIOR"

BEING AN INADEQUATE DESCRIPTION OF THE

UPPER YANGTZE

COMPILED BY

"CHARON"

AND

DEDICATED TO THOSE WHO SERVED WITH HIM ON
THE UPPER RIVER 1926-28 AND 1932-34

" Habe, Senex, aliquid juniperis."

SHANGHAI:
NORTH-CHINA DAILY NEWS & HERALD LTD.
1934

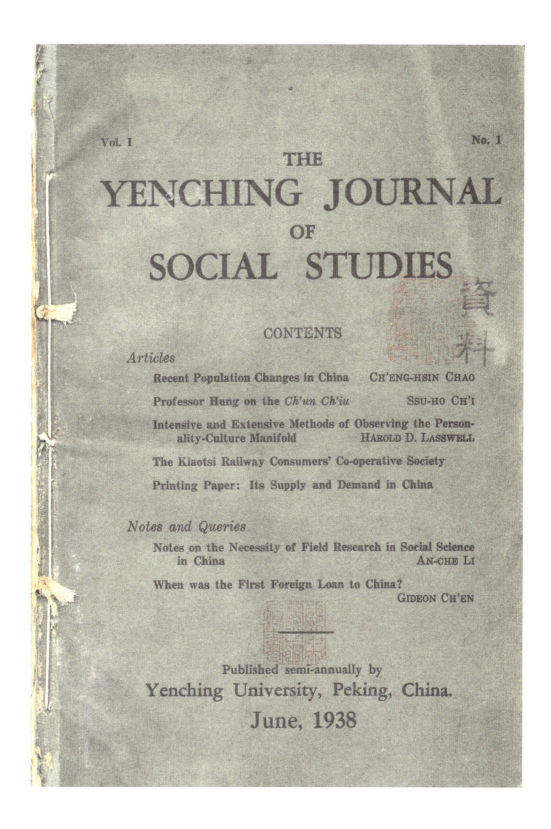

Recent Population Changes in China

Population is basically a quantitative phenomenon[1], a scientific analysis of which is necessarily limited by the reliability and availability of population statistics from census enumeration and vital registration. In a discussion of the population question of any country it would be best to begin with the nature of its statistical materials. This is particularly true with the population of China, a country of large size, which, as is well known among students of population, is without a census in the modern sense of the word[2]. On this subject, the present paper will give a brief review.

---

[1] Population is generally said to have a qualitative as well as a quantitative aspect. It is the opinion of the author that the question of population should be discussed under three sub-headings, namely, numerical changes in size, composition and territorial distribution. The so-called "qualitative" aspect is in fact only a question of composition, demographically considered, once the "quality" is well defined. Aside from biological characteristics, the "quality" of a population is nothing more than its cultural possession, if the latter is defined as behavior systems acquired by individuals as members of the community. The "quality" of a population belongs to biology and sociology and not to demography as such. This remark by no means implies that the demographic aspect of the population of a community is unrelated to its cultural possessions. As a matter of fact, a functional study of the inter-relations of these two aspects is absolutely necessary for a thorough understanding of the question of population. However, as a field for scientific investigation the two can well be separated even though in reality interrelated.

[2] A census in its demographic sense is a periodic count of all the people in a certain area. It is intended to give an accurate picture of a cross-section of the community. Its periodicity affords not only knowledge of numbers and conditions at the point of time when it is made but also a dynamic account of communal life. Its function is generally administered by a machinery established for such purpose. Cf. "Census" (by Sylvanus Percival Vivian and Walter Francis Willcox), *The Encyclopaedia Britannica*, 14th Edition, Vol. 5, pp. 117-121; "Census" (by Walter F. Willcox), *The Encyclopaedia of the Social Sciences*, Vol. 3, pp. 295-300.

THE YENCHING JOURNAL OF SOCIAL STUDIES

Vol. I, No. 1. June, 1938

CONTENTS

CONTEMPORARY MANCHURIA

VOL. IV. NO. I   JANUARY, 1940

PIONEERING IN MANCHURIA

COAL LIQUEFACTION AND S. M. R. CO.

HISTORY OF CHRISTIAN MISSION

RESISTANCE OF CHIANG REGIME

CHINESE CULTURE AND MANCHOUKUO

INNER MONGOLIAN ARCHAEOLOGY

MANCHURIAN CALENDAR

PUBLISHED QUARTERLY BY

THE SOUTH MANCHURIA RAILWAY COMPANY

000136890 *Contemporary Manchuria* 当代满洲（季刊）

　　大连：南满铁路株式会社出版，32开，每期100页左右，有大量图片，钤"东亚同文书院研究部藏书印"。本合订本为1940—1941年。

CONTEMPORARY MANCHURIA

A QUARTERLY MAGAZINE

VOL. IV, No. 1　　　　　JANUARY, 1940

CONTENTS :

PUBLISHED BY

**THE INFORMATION AND PUBLICITY OFFICE
SOUTH MANCHURIA RAILWAY COMPANY,**
DAIREN, MANCHURIA

PIONEERING IN MANCHURIA

By T. O'Neill-Lane

Rapacious rascals were those early pioneers in their debased art of empire building. Nothing could stand in the way of their delirious appetites for more and more land. By plot, subterfuge, stratagem, bluff, crooked politics and straight pilfering they added with the years to their extensive holdings. They knew all the answers as long as they led to the acquisition of possessions.

It is some centuries since the great nations of the earth looked about them and found to their pained surprise vast tracts of uncivilised land. That is to say, these areas were not civilised according to their own god-given methods. In some cases the people who owned this land were making no attempt whatever to develop its possibilities. It is true they were not injuring it, but people as backward as that . . . .

Then there were countries actually owned by natives who went piddling along in the lap of their sun-kissed luxury, living on the fruit and vegetables which grew in splendid profusion without any assistance from human hands. Other lands were being sadly misdirected by the nations which held them in fief. Incredible! Absolutely no civilisation!

The great nations saw the light. They realised at once the fantastic waste of these districts. They understood only too well the way the people of these regions were crying aloud for the benefits which had made the great nations what they were. The different governments gathered in grave discussions on the melancholy plight of these poor peoples and on what could be done to remedy it. The answer was ready to hand. But there a problem arose. These lands belonged to somebody else. What could be done?

The problem was rapidly solved. For the countries where there were natives only, it was simplicity itself. All that had to be done was for one great nation to get there ahead of the others, raise the national flag to sonorous declamations and the land was theirs. A notification was usually sent out to the others to indicate that such land for empire-building purposes was from then on *tabu*.

If some weak country had some tenuous hold on it there were a hundred and one excuses why the people would be infinitely better off under different direction, the principal one

本書揭載寫真ハ八紘船梁薰司令部檢閲濟

昭和15年3月25日印刷
昭和15年4月1日發行
大連市伏見台120番地
編輯人　平　野　榮
大連市巴町154番地
發行人　佐　伯　夷　三　郎
東京市麴町區外ノ内4番地
印刷人　秋　本　金　市
東京市麴町區内市兵衛町2-61番地
印刷所　株式ヘラルド社
大連市東公園町
發行所　南滿洲鐵道株式會社

PRINTED IN JAPAN

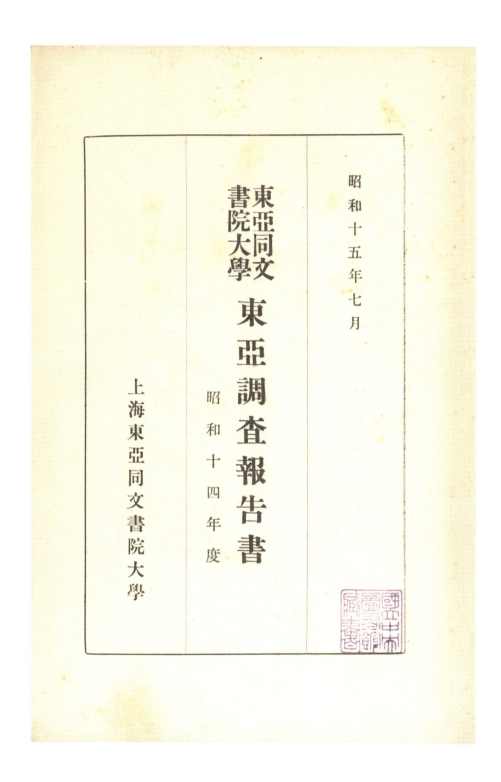

昭和十五年七月

東亞同文
書院大學 東亞調查報告書

昭和十四年度

上海東亞同文書院大學

J3122/G414（1） 东亚同文书院大学东亚调查报告书（昭和十四年度）（日文版）

〔日〕寺田义三郎编辑，上海：上海东亚同文书院大学昭和十五年（1940）七月发行。32开，精装，正文1270页。卷首有上海东亚同文书院院长大内畅三序，正文分地理调查、经济调查、商业调查、资源商品调查、社会调查、特别调查六部分，均有作者署名。本馆另藏该书昭和十五、十六年度卷。

東亞調査報告書目次

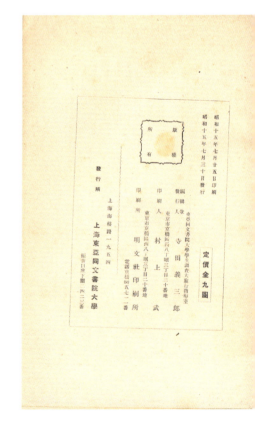

昭和十五年七月廿五日印刷
昭和十五年七月三十日發行

定價金九圓

版權所有

編纂 東亞同文書院大學學生調査大旅行指導委...

發行人兼 寺田義三郎

印刷人 村上武

印刷所 明文社印刷所
電話本局五七二番

發行所 上海東亞同文書院大學

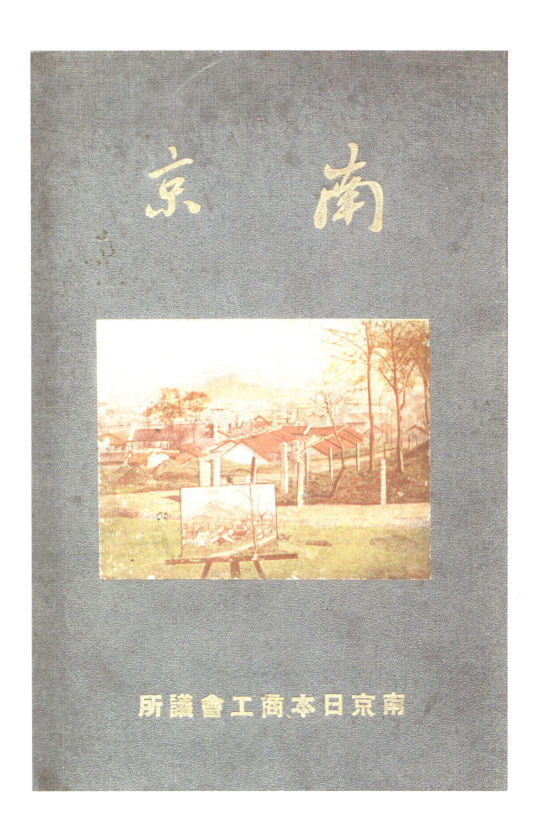

JX252111/D208　南京（日文版）

　　南京：日本商工会议所编，昭和十六年（1942）八月发行。大32开，精装，约800页，附大量图表。该书卷首有日本驻南京总领事杉原荒太序，正文分概说和地理、历史、交通、政治、经济、外交、居留民、杂录等八篇以及附录二种。

『南京』概説

南京は田舎じみた都會である。謂はヾ巨大なる田園都市である。計劃的に開設された幅員五〇米の大通りに電車一つないことが、如何にも中國の首都らしい落付を與へてはゐるものヽ、そこから又落莫たる感じを受けるからでもあらう。政治都市としての一大建設途上、不覺にも放棄を餘儀なくされた未完成の都市――餘りにも未完成の政治都市南京は、その地理的優位性のために太右以來封建諸侯島雄の爭覇場ごなつて、その盛衰史をその儘に自らの歴史として育まれて來た生れ乍らの政治都市である。

先づ、吾が南北朝時代の忠臣兒島高德が院ノ庄の櫻樹に刻んだ詩句で有名な越の范蠡が、此地に築城して茲に二千四百有餘年、更に吳の孫權が此地を初めて國都に奠めて千七百有餘年――この間、或時は春秋戰國時代吳越鬪爭の巷と化し、或時は六朝の國都として三百五十年に亙る絢爛たる文化を誇つたこともある。現存する城壁が築かれたのは遙か後年、約五百年前の明代で、この時再び南京が國都として復活、戀て都が北京へ遷されるに及んで『南京』の稱號が始めて産れたのであつた。更に近世史を繙いて見ても、清朝末の長髮賊の亂は此地を焦土とさしめ、斯くて南京が幾千年、近くは民國革命に當つてもその第一第二兩革命の都度此地を完廢に歸せしめてゐる。輿亡正しく幾千年、近くは民國革命の波に乘つた蔣介石の手によつて、茲に始めて中國の首都としての本格的な建設計劃的國家意識高揚の波に乘つた近代的國家意識高揚の波を樹立、莫大なる經費と人々を動員して東西文化の粹を集めた近代都市を着々具現しつヽあつたのであるが、その過ぎたる抗日意識に禍ひされて結局は遠く重慶に逃避避せざるを得なくなり、又しても

昭和十六年八月十五日印刷
昭和十六年九月一日發行

定價金六圓

（編輯兼
發行者）市 米 義 道
（印刷者）何 島 雄 吉
　上海大港爾路一三〇號
（印刷所）華中印書局股份有限公司
　南京中山東路三八四號
（發行所）南京日本商工會議所

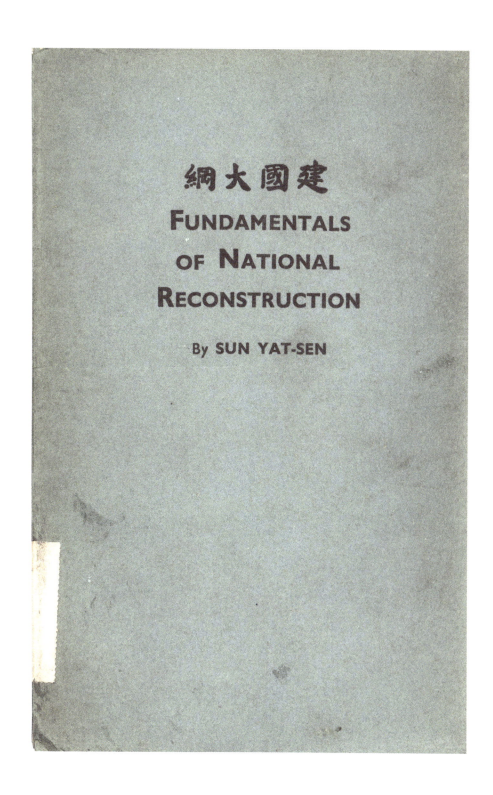

000054437 *Fundamentals of National Reconstruction* 建国大纲

孙中山著，重庆：中国国民党中央宣传部1945年印行，32开、96页。《建国大纲》是孙中山依据三民主义和五权宪法，于1924年4月手订的一份重要文件，共25条，将国家建设分为军政、训政、宪政三个时期，并订出各时期的目标与执行策略。

CONTENTS

TRANSLATOR'S PREFACE

In the twenty-five articles of the "Fundamentals of National Reconstruction" is found the embodiment of Dr. Sun Yat-sen's political philosophy—and his ideal program for China. Drawn up in 1924 by the founder of the Chinese Republic and the Kuomintang, this outline has since been regarded as the model for revolutionary work and national reconstruction of China. Its vital importance in Chinese politics cannot be over-emphasized.

Dr. Sun in his will charged all comrades to bring to realization the ideals in the "Fundamentals of National Reconstruction" and the three other important works.

Translations of the "Fundamentals of National Reconstruction" have appeared before, but this is the first time that it has been published in English, under its own name, together with Dr. Sun's own detailed explanations and other statements and speeches which have a direct or indirect bearing on it. This English edition is based largely on one of the four volumes of Dr. Sun's works collected under the name of *The Bequeathed Teachings of the Tsungli—Tsungli* being his title as the supreme leader of the Kuomintang.

As in the Chinese edition, the contents of the book are not arranged in chronological order. The object is rather to present to the readers the "Fundamentals of National Reconstruction" in conjunction with relevant speeches and writings grouped together, as far as possible, according to their nature and in order of their importance.

The *Chien Kuo Ta Kang*, as the book is called in Chinese, is sometimes known to foreigners as the Outline of National Reconstruction. It is in no way to be confused with a companion volume in the *Bequeathed Teachings*, entitled *Chien Kuo Fang Lie*, or *Plans of National Reconstruction*, in which is included *The International Development of China*. The latter work, intended as a blueprint for Chinese industrialization, was originally published in English, and has recently been reprinted by the Ministry of Information.

The other two volumes in the complete works of Dr. Sun Yat-sen are *The Three Principles of the People* and *Selected Speeches*. The

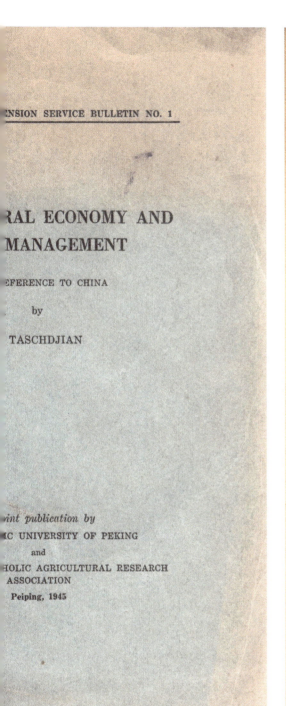

CONTENTS

75598

000049997 *Agricultural Economy and Farm Management:with Reference to China*
中国的农业经济与农场经营

　　〔美〕R.Taschdjian（塔什德简）著，北京：辅仁大学和中国天主教农业研究协会1945年联合出版，小16开，66页。